Nishi wo wennuan de yikao

你是我温暖的依靠

花瓣雨◇著

辽宁人民出版社

图书在版编目（CIP）数据

你是我温暖的依靠 / 花瓣雨著．—沈阳：辽宁人民出版社，2018.4
ISBN 978-7-205-09243-6

Ⅰ．①你…　Ⅱ．①花…　Ⅲ．①故事—作品集—中国—当代　Ⅳ．① I247.81

中国版本图书馆 CIP 数据核字（2018）第 012893 号

出版发行：辽宁人民出版社
地址：沈阳市和平区十一纬路 25 号　邮编：110003
电话：024-23284321（邮　购）　024-23284324（发行部）
传真：024-23284191（发行部）　024-23284304（办公室）
http://www.lnpph.com.cn
印　　刷：北京嘉业印刷厂
幅面尺寸：145mm × 210mm
印　　张：8
字　　数：185 千字
出版时间：2018 年 4 月第 1 版
印刷时间：2018 年 4 月第 1 次印刷
策划编辑：蔡　伟
责任编辑：赵维宁
装帧设计：尚世视觉
责任校对：金丹艳
书　　号：ISBN 978-7-205-09243-6

定　　价：39.80 元

自序

爱是人生永不落幕的演出

爱是人生永不落幕的演出。滚滚红尘中，总有些情，没有征兆，没有固定的格式，没有缘由地闯入我们的生命，那便是世界上最伟大的情感：亲情、友情和爱情。

我们明白，亲情、友情、爱情，都是不可或缺的，它们充盈着我们的生活，缺了一部分，生命就不再完整。“亲情是桨，友情是帆，爱情是水，亲情是友情的扩展，爱情是亲情的升华。”这三者之间彼此联结却又独立存在。

亲情是一个让心灵靠岸的最温暖的港湾。在这片温暖的怀抱里，无论你遇到什么烦忧和不快，那里总会有亲情注视的目光。这目光中蕴含着太阳的光辉，给人春天般的温暖。在最无助的人生路上，亲情是最强的后盾，给予我们无私的帮助和依靠；在最寂寞的情感路上，亲情是最真诚的陪伴，让我们感受到无比的温馨和安慰。

而友情是一种浩荡宏大，可以随时安然栖息的理想堤岸，它是一种很微妙的东西。人们在谈及友情时总说：“君子之交淡如水。”其实不然，每当我们遭受磨难与不幸时，那些熟悉的朋友总是及时地为我们伸出援助之手，他们没有功利，更不需要刻意去修饰，就那样犹如山间自然流淌的清泉，汩汩流出，滋润着我们的心灵。

关于爱情，恐怕一千个人就会有一千个答案。有人说，爱情是你与爱的人相视一笑，默默牵手走过，无须言语不用承诺。也有人说，爱情其实就是出门在外时的一个电话，两份牵挂，可以让彼此的心在等待的相思中一起回家。爱情有时像一杯咖啡，曼妙的午后时光，寂寞的漫漫长夜，喝上一杯，芬芳会漫过嘴唇；爱情有时又像一杯清水，虽淡而无味，却是我们人生的全部养分。爱情，说到底，就是那些看似润物细无声却又轰轰烈烈的情愫。

人生在世，离不开一个情字，正因为有了亲情、友情和爱情，才使人的生命之树常青。在本书中，作为一位女性作者，我尽量以自己特有的视角，为读者展现一个个关于情感的琐碎故事，用自己特有的笔调，对一个个情感故事作了善解人意的诠释。也许情感就是如此，美丽、忧伤、温暖、疼痛、热烈……清澈得没有一丁点儿瑕疵，纯洁得如一张来不及涂抹的素笺。

无论是亲情、友情还是爱情，我希望，每一段文字都能带给你心灵的启迪，每一个情节都能带给你美的历程，每一个温情故事都能触动你内心最柔软的一面，让你久久共鸣。穿行在整本书的情感时空，那些凡俗却又温暖、浪漫而又甜蜜的故事，都能成为你心灵的交响。

谁的流影辗转在阡陌岁月里？谁的韶华缭绕在不休的年轮里？看时光飞逝，睹炊烟袅袅。淡墨写红尘，此情与谁共？

目 录

‖第一辑‖ 醒来觉得甚是爱你

爱，滋养着温暖；时光，沉淀着美好。因为有爱，我对着蓝天白云许下最美的心愿；因为有爱，盈花香满怀。

‖第二辑‖　余生好长，你好难忘

一次相遇，一份情深；一次相逢，一生倾心。若两心相近，两情相依，纵山长水阔，红尘千里，亦可以温暖彼此的心灵。

‖第三辑‖ 有一种爱叫不离不弃

一个女人就是一朵花，千万别忽略了花的心意。如果你爱这个女人，就像喜爱这朵花儿一样，请陪她一起绽放吧！不管是春秋寒暑，还是雨雪风霜，爱她，就陪她一起绽放。

‖第四辑‖　这世界偷偷爱着你

此生，不管身在何处，我都将心向温暖，怀兰心梅韵，携善良友爱，一路低眉行走于尘世烟雨，静观天上云卷云舒，闲看庭前花开次第，在低眉中让人生丰盈美丽。

‖第五辑‖　藏在心灵深处的爱

亲情是一股涓涓细流，给心田带来滋润；亲情是一缕柔柔的阳光，使心灵感到温暖；亲情是人类永恒的主题，陪伴着我们走过每一个难忘的日子，谱写着我们多彩的人生。

‖第六辑‖ 我用余生来爱你

在人生的旅途中，是谁给予你最真诚、最亲切的关爱？在你举步维艰时，又是谁给予你无私的帮助？永远都是亲人。他们像迷茫中的指路牌，为你指引前方的道路；像一盏灯，照亮你前行的人生。

第一辑

醒来觉得甚是爱你

爱，滋养着温暖；时光，沉淀着美好。因为有爱，我对着蓝天白云许下最美的心愿；因为有爱，盈花香满怀。

栀子花开的夏天

一

那个夏天，栀子花开满了江南小镇的角角落落，素雅洁白，绿叶迎风摇曳，美得让人窒息。

我出差到江南，办完公事后，便来到了这个小镇，这里的青瓦、白墙、木隔扇、石板路、乌篷船，还有那些幽深的小巷，无不让我痴迷。

这样的场景总让我有点想入非非，恍惚中，一个撑着油纸伞的姑娘，甩着一条粗长的辫子，散着栀子花香一样的芬芳，迈着优雅的步履走在石板路上。

我正出神地胡思乱想着，安然就这样从我的身边擦肩而过。她修长的身材、白皙的皮肤，两条麻花辫松松垮垮地搭在肩头。待我回转身来看向她的背影，才发现她走起路来有点摇摇晃晃，而且浑身散发着一股酒气。我几乎连想都没想一下，就几步追上了她，说：“小姐，你喝多了，会摔倒的。”安然停下了脚步，愣怔了片刻，继而用挑衅的眼光看着我说：“帅哥，你要不要送我回家？”我定定地看着她的眼睛，这样一个看上去有点放荡不羁的女子，在她的眼角处居然弥漫着一种惹人爱怜的忧伤。也许正是这种淡淡的忧伤吸引了我，那一刻，我对她怦然心动。

二

安然住在小镇的一个两层阁楼上，屋子里布置得很雅致，很有女子的气息。我把安然扶到床边，将她的外套、鞋子一一脱掉，让她躺在床上，没想到，就在她倒下去的那一刻，却一把搂着我的脖子把我一起带到了床上，我挣脱了几下，却怎么也挣脱不开。等安然闹够了，我也有点累了，索性躺在她身边，谁知，不一会儿，我们都迷迷糊糊睡着了。

一直到第二天一早醒来，安然看到身边的我，吓了一跳，急忙用被子护住自己。我解释道："你昨天喝多了，我把你送回家时，你缠着我死活不放，不过，我们什么也没做……"安然的脸上立刻飞起一阵红晕，拿过衣服匆匆穿上，说："谁知道你做了什么。好吧，你走吧！我不会赖上你的。"

就算安然不会赖我，我却有点想赖上她了，因为我已经不可自拔地被她俘虏，这么多年来，还没有一个女子能像安然一样，让我一见钟情过。

于是，我半认真半开玩笑地对安然说："这个小镇好美，我有点舍不得离开，不如你收留我吧！放心，我不会白住你的房子的。"安然这才仔细地审视着我，继而眉毛向上一扬说："好啊！既有帅哥陪，又能赚一笔可观的租金，何乐而不为呢？"

当我拖着沉重的行李箱再次出现在安然面前时，安然有点吓傻了，说："你、你、你不会当真要留下来吧？"接下来，在我的"死缠烂打"之下，安然终于收留了我。

为了和安然在一起，我毅然决定辞掉北方的工作，甚至不惜葬送我不可估量的前程，安然被感动得稀里哗啦。同事和朋友却都觉得我疯了，可是，他们不知道，我是真的爱上安然了。

三

安然有份很不错的工作，在一家公司做服装设计，而我则应聘了一份高管的工作。白天我们一起上班，晚上我们一起做饭、聊天，或者坐在院子里数星星看月亮。遇到周末的时候，我们手牵着手一起散步在石板路上，偶尔我们也会去坐乌篷船，茶馆、水阁也都相继留下了我们的影子。我们看上去俨然一对新婚夫妻。我曾开玩笑地问过安然，为什么当初留下了我，而安然之所以收留我，据她说，一个重要原因是，我像极了一个人，另一个重要原因则是，我没有乘人之危，就像古时坐怀不乱的柳下惠。

和安然在一起的日子，唯一让我纳闷的是，安然在睡梦中总是呼唤一个叫"逸轩"的名字，我知道这一定是个男人的名字，而且我猜想，这个男人很可能就是和我像极了的那个人。但我不是一个小气的人，不过，偶尔我还是会问：逸轩是谁？安然不回答，只是吧嗒吧嗒地掉眼泪。我想，不管这个男人和安然曾经有过怎样的纠葛，现在都无关紧要，重要的是我现在和安然在一起，不是吗？

一天晚上，我和安然正在家里吃晚餐，安然的好友美莲风风火火闯了进来，一进门看到我，美莲的目光里有些惊诧，足足呆立了一分钟后，美莲似乎才缓过神来，说："你是谁？如果不是嘴巴下少一粒痣，还真像一个人。"随后，美莲咋咋呼呼地喊："安然，我出差一月不到，你居然又交了男朋友，你这个妖媚的女子，就这么招男人喜欢吗？"说完，美莲还对我挤挤眼睛。坦白说，我不太喜欢美莲的张扬，不过，既然是安然的朋友，我也只能装出笑脸相迎。

从美莲回来的那天起，我们的二人世界变成了三个人。美莲有事没事总喜欢往我们家里跑，吃在这里，有时候还住在这里。不明白美莲这个疯丫头怎么也不交个男朋友。

那天，我们约好三个人一起出去吃饭，所以，下班后我便直接来到约好的饭店，美莲已经等在了那里，可是却迟迟不见安然的影子。我打电话过去，安然说，公司临时加班，太忙了，所以让我们先吃。

等我们吃到酒足饭饱时，鬼知道，我怎么突然问了美莲一句："丫头，你是不是该找个男朋友了？"就是这句话让美莲陷入了沉默，大约十分钟后，美莲给我讲了这样一段往事。

四

美莲和安然是从小一起长大的伙伴，可以说她们两个是形影不离、无话不谈的好朋友。用美莲的话说，当她交到男朋友时，最想让人分享自己幸福的正是安然。于是，她把自己的男朋友第一时间带到了安然面前，谁能想到，这却是她人生中最大的败笔，她的男朋友和安然几乎是一见钟情，再后来他们爱得死去活来。

美莲哭过闹过，甚至和安然反目成仇，却还是没有从安然手里夺回男朋友，而这个男朋友不是别人，正是安然梦里呼唤的那个人：逸轩。

可是，一年前，当他们准备结婚的时候，逸轩突然人间蒸发。安然疯了似的满世界寻找他，却丝毫没有他的消息，从此安然便开始借酒消愁。看着安然日渐憔悴的样子，美莲悄无声息地来到她的身边，一看到美莲，安然却哭着大声说："我遭到了报应是不是？老天爷有意惩罚我对你的背叛是不是？你存心来看我的笑话是不是？"美莲什么也没说，只是把受伤的安然紧紧地抱在怀里，而后两个人一起放声大哭。

从此，她们俩和好如初，又回归到从前的样子，她们在一起吃饭、逛街、喝酒，只是她们从来闭口不提逸轩这个名字，即使醉了的时候，她们也会避开找男朋友的话题。但美莲却能从安然眼里看到她的不甘心。直到安然遇到了我。

五

我没有被美莲的故事吓倒，我可以不在乎安然和逸轩曾经是多么的相爱，我会帮助安然走出那个阴影，我甚至开始筹划和安然的婚礼，我知道，我和安然一定会幸福的。可是，为什么我的心里会有种隐隐的不安呢？

一晃，夏天很快过去了，栀子花也开始败落，看着满地枯萎的花瓣，有好几次，安然泪流满面，让我也不禁跟着伤感起来。

一切就如我所预料的一样，该来的终究还是来了。

周末的一个午后，逸轩的妈妈突然来访。一进家门，逸轩妈妈就抓住安然哭着说："安然，快救救逸轩，他现在生命垂危，医生说要想挽回生命，除非出现奇迹，而可以带给逸轩奇迹的人只能是你。"

安然有片刻的意识模糊，而后镇定了一下才问逸轩妈妈："逸轩怎么了？病了吗？"逸轩妈妈说："是的，就在你们快要结婚时他患上了癌症。"安然的情绪开始变得失控起来，大声哭着说："为什么不告诉我？为什么要逃避？"逸轩妈妈说："因为你曾跟逸轩说，你不喜欢光头。还记得吗？你和逸轩一起看《非诚勿扰》，逸轩开玩笑说，也要留孟非和乐嘉那样的光头，你立刻抗议道，逸轩要是剃光了头，你就离开他。而医生说逸轩必须接受放化疗，头发势必会脱落的，所以，逸轩说，等他治好了病，头发长起来的时候再去找你。可是……"逸轩妈妈后面说了什么，安然已经听不进去了，因为她已经昏倒在地。

一切似乎注定了结局。

我和安然平和地分了手，安然哭着说，不管逸轩病情怎样，她都决定和逸轩结婚，一定要治好他的病。对于安然的决定，我只有默认。

是的，在这场爱情中，我输得很无奈，甚至都不给我一点儿还手的机会。哪怕对手是谢霆锋、周杰伦，我至少可以和他公平竞争，可他却偏偏是个病人。

离开江南的那一天，我没有告诉安然，实际上安然也顾不上我。可是，站台上，我依然一步一回头，期待着能看到安然的影子，直到火车启动，我才真切地意识到一切都结束了！

别了，我深爱的江南小镇！别了，我深爱的安然！

六

三年后的夏天，当栀子花香再次弥漫江南小镇的时候，我因公差又来到了这里。

此时的我，依然是孑然一身，因为我总是走不出安然的影子。站在小镇的石拱桥上，思索再三，我终于拨通了美莲的电话，不为爱情，只想知道安然过得好不好。

美莲一接电话就大声指责我："你这人怎么可以这样残忍，居然连声招呼都不打就人间蒸发，你知道安然有多伤心吗？你知道安然其实已经爱上你了吗？”不等我说什么，美莲仍然滔滔不绝，“你知道吗？安然当年并没有和逸轩结婚，因为逸轩坚持病好后再举办婚礼，可是，安然的精心照料并没有使逸轩的病出现奇迹，你走后三个月，逸轩就离开了人世，不过，逸轩是幸福的，因为他死在了安然的怀抱里。”说完，美莲突然像想起了什么似的说，“你等着，告诉我你在哪里，我去帮你把安然找来。”

……

阳光明媚，在长长的小巷里拉出一条时光的剪影。石板路的尽头，我终于看到了我念念不忘的安然，一柄油纸伞张开在头顶。她垂着两条好看的麻花辫，散着栀子花香一般的芬芳，正迈着优雅的步履，缓缓地向我走来。

就在安然快走到我身边时，却一个趔趄差点摔倒在石板路上，我急忙奔过去，一把抱住了安然，那一刻，四目相对，千言万语还来不及说，泪水却早已泛滥成河……

对不起，我爱你

一

落落坐在高尔夫球场的休息椅上，眼睛直直地望向面前那片绿草如茵的草坪，任凭微凉的风吹起她额前散落的刘海儿，她依然一副不管不顾呆呆的模样。

恐怕就连落落也没有想到，自己会到这样一个偏僻的地方来。那天，在车站里，浑浑噩噩的她看到一辆待发的长途汽车，她只想快快地离开那个令她伤心的地方，于是，就上了车，误打误撞来到了这个风景如画的地方。

但此时的落落，哪有心情欣赏这美丽的风景，在她的心里，有的只是难过。也是的，大学四年如玫瑰花般的爱情，却因为一朝走向工作岗位，被一位有着深厚家庭背景的女孩，轻而易举地将她的男友林萧俘获了，这让她又怎能不伤心？落落哀叹着，真是世事多变，昨天的一幕还历历在目，今日却是物是人非。

还记得那年在大学的校园里，落落正埋头走向教室，突然迎面和一个男生撞了个满怀，待她抬头看向他时，他们的脸不约而同地红了，他们羞涩的模样，不禁让彼此心动。后来，由相识到相知，再到相爱，他们自然而然地走到了一起，也曾花前月下，也曾小桥流水，也曾山盟海誓，也曾天长地久。

可是，他们曾在一起的点点滴滴，难道他已经忘了？难道四年的爱情抵不过一个未知的美好前程？

“小姐，该你打球了。”球场服务员的一句话，把落落从痛苦的回忆里唤了回来。落落急忙起身，来到了打球的位置，握紧了球杆，她决定把自己所有的不快，通过这个球杆狠狠地打出去。

二

可能是用力太猛了，落落一杆子打出去，非但没有打中球，反而向前一个趔趄，差点摔倒在草坪上。落落不甘心，第二次握紧了球杆，又用力打了出去，这一次球杆再次落空。还没来得及准备打第三杆，身后却传来一阵轻微的叹息声，落落阴沉着脸，回头对着叹息的人厉声道：“有什么好哀叹的！”话音还没落，落落的脸便僵在了那里，就那样痴痴地看着眼前这个男子。落落不明白，世界上怎么会有这么好看的帅哥，一张有点“过分”白皙的脸上，镶嵌着一双如深潭般的黑眼睛，深邃而悠远，且唇红齿白，鼻梁高挺，浑身上下透露着孩童般的纯真。

男子不顾她的直视，走近她说：“你好，我叫迪安，注意你好久了，你这样神情沮丧、心不在焉地打球，怎么能打中呢？想要打出一杆好球，首先要集中精力，全神贯注地将身体与目光保持在一条直线上，膝盖稍稍弯曲，上半身微微向前倾斜，身体重心放在球前面的脚上，然后再打出去，你试试看。”迪安滔滔不绝地讲解着，一旁的落落却依然目不转睛地看着迪安说：“那你先示范一个给我看？”迪安也不客气，便返身一连串漂亮的动作，将球稳稳地打了出去。

一直到夕阳西下的时候，迪安和落落已经熟悉到像多年的老朋友一样，在一起有点难舍难分了。迪安问落落：“你住哪里？要不要我开车送送你？”落落立即将嘴巴噘了起来作痛苦状，迪安说：“美女，你不会还没有找到住处吧？”落落说：“我当然没有住处了，你要不要收留我？”迪安狡黠地眨了眨眼睛说：“我看可以，谁让我们同是天涯沦落人呢！”

三

一路上，落落为了排遣心中的烦恼，一股脑将自己的遭遇告诉了迪安。落落没想到，迪安居然和自己一样，好像也遇到了人生中的一些烦心事，所以才躲到了这里来，只是具体什么烦心事，迪安没有说，落落没有问，也不想多问。

迪安租的是一个一室一厅的房间，虽然面积不大，却干净整洁。

吃过晚饭后，落落洗了个澡，换上了干净的内衣，就爬到床上昏昏欲睡起来。落落也说不清，自己怎么会在一个陌生的地方，陌生的房间里，就那么安心地呼呼大睡呢？

睡梦中，落落还做了一个梦，她梦到林萧和有背景的女友走上了婚姻的殿堂，她用力拽着林萧的胳膊，哭喊着：“林萧，你怎么忍心抛弃我？你怎么可以这样对我……”林萧厌恶地用力甩开她，头也不回地牵着女友的手往前走去。

落落哭着，喊着……

“落落，你做噩梦了，快醒醒。”落落被迪安唤醒后，还在不断地抽泣，想起林萧，落落的心里感到疼痛不已。

迪安用手拍了几下落落的胳膊，说：“好了，不要再想那些不愉快的事情了，安心睡觉吧！一切都会过去的！”说完，迪安回到沙发上，不一会儿便传来了轻轻的鼾声。

黑暗中，落落怎么也睡不着，便起床来到了窗前。落落觉得心口有点闷，就伸手打开了一扇窗，又搬了一个凳子，踩上去……说时迟，那时快，只见迪安一个箭步跑上去，死死抱住了落落的腰，把落落抱了下来。

落落被这一抱吓坏了，说：“迪安，你干什么？”迪安说：“你还有那么美好的前程等着你，我不准你想不开。”落落“扑哧”一声笑出了声，说：“谁想不开了？我看到窗户上有脏东西，想用手擦擦而已。”说完，迪安也笑了，抱落落的手急忙松开。落落转过身来，看着眼前这张俊朗的脸，那么温暖，那么让人安逸，落落居然有点想入非非了。

四

接下来的几天里，他们在一起生活得很快乐，迪安总是无微不至地照顾着落落，视线也不离她左右，就连睡觉也是睁一只眼闭一只眼，生怕她有什么闪失。

有一次，迪安带落落到河边去散步，落落转身就往河中心走去，吓得迪安赶紧把她拽上岸，结果，落落开始哈哈大笑起来，说："我逗你玩呢！看把你吓的。"迪安也跟着笑，说："落落，你怎么那么调皮。"

落落越来越享受被迪安呵护的感觉，不知不觉间，她把林萧也忘到了九霄云外。看到落落已经从痛苦中走了出来，迪安这才放下心来。

一天，迪安从外面回来，告诉落落，有一家公司正在招聘，他已经帮落落报了名。落落问："为什么你不报名？难道你要坐吃山空？"迪安说："我的钱，已足够我走完这一生了。"落落撇了撇嘴道："有钱人就是任性。"接下来，迪安陪落落一起笔试、面试……

然后，迪安告诉落落说自己要外出几天，让她在家等通知，落落说"好"！可是，等迪安走了之后，落落才惊觉少了迪安心里便空荡荡的，不知所然。落落发现自己好像爱上了迪安。

五天后，迪安终于回来了，他的脸色越发的苍白，人也显得疲惫不堪，落落一下子就奔到迪安的面前，嘴里不停地问迪安："这几天，你到底去了哪里？"迪安有气无力地说："我去了一个好玩的地方，你要不要陪我一起去？"落落便爽快地答应道："好啊！好啊！"

五

等迪安在家休息了几天，似乎恢复了体力，落落和迪安便一起来到一个酒吧。昏暗的灯光下，陌生的人们三三两两地聚在一起，彼此倾诉着，就像一个又一个饥渴而又需要安慰的灵魂；歌手如泣如诉的歌声，缓缓地在空气里流淌着，弥漫着，听上去则有些颓废。

这时，几个打扮妖冶妩媚的女子来到迪安身边，有拉有扯的，甚至有人勾住了迪安的脖子，撒娇似的说：“迪哥，你来了，想我了吧。”其中一个女子用妒忌的眼光看向落落说：“呀，这位是谁啊？还蛮漂亮的嘛。”落落用愤怒的眼光盯着迪安，说：“马上跟我回去。”迪安嬉皮笑脸地说：“怎么刚来就要走啊！玩会再走嘛！”“好，你不走我走。”说着，落落转身快步离开了酒吧。

回到住处，落落趴在床上大哭了一场。其实，从一开始落落就该知道，迪安根本不是自己的港湾，那么帅气的男人，身边怎么可能缺少女人呢？

一直到很晚的时候，迪安才带着酒气回来。落落躺在床上，看着迪安一头栽进了沙发里，却久久不能入眠。

黑暗中，想着自己的爱情遭遇，落落不禁暗自神伤。四年的爱情尚可以一朝分崩离析，她又怎么能指望一段刚刚萌芽的爱情？虽然她努力想抓住点什么，但落落分明已感觉到自己和迪安滋生起来的爱正在走向崩溃的边缘。

六

从那之后，迪安总是借故外出，回来的时候又总是浑身的酒气，脸色也越发煞白。有时候，落落会动了恻隐之心，帮他擦把脸，给他端杯水，只是迪安再不是先前那个对她无微不至的人了。

一天，突然有人给落落的手机打电话，落落一看，居然是林萧，落落没好气地对着电话大声说："你还有什么资格给我打电话？"林萧说，以前都是他不对，已经和那女子分手，想和落落重归于好。落落气愤地说："你以为我是什么？你想要就要，不想要就无情地抛弃吗？"落落狠狠地挂断了林萧的电话。一旁的迪安听得真真切切，便乘机说："落落，我觉得你应该回去找林萧，只有他才是你最好的归宿……"这时的落落已经完全被气疯了，大吼着说："我的事，不用你来安排，我不会赖在你这里的！"

落落郑重提出要离开这里的那一天，没想到，迪安居然伤心地哭了，他一边哭一边说："落落，留下来好吗？我舍不得你走。"经不住迪安的恳求，落落便心软起来，说等过一阵再说。说到底，落落对迪安还抱有一丝幻想。

迪安便在家安分了几天，似乎和落落也和好如初了。可是，第四天的时候，迪安却留下一张字条离家出走了。

字条上这样写道："落落，我走了。房子交了一年的房租，你住下去好了，之前帮你应聘的工作也落实了，过几天你就可以上班了。"

看着这张字条，落落神情落寞地在嘴里嘀咕着：“走吧！走吧！去找你那些扯不清关系的女人吧！”不过想想，既然目前没有好的去处，自己也只好暂时先在这里安顿下来。

七

白天的时候，落落去上班，晚上，落落就在家独自发呆。房东家的儿子突然隔三岔五地说来家里找东西，却每次都是空手而归，落落便有点不悦，大声质问他：“你到底是何居心？”房东儿子也不甘示弱地说：“你以为我愿意来？还不是迪安哥哥拜托我，让我多来看看你。”一听迪安的名字，落落的气就不打一处来，说：“他弃我于不顾，如今却来假慈悲。谁稀罕他管我了。”房东儿子急忙说：“姐姐，别这样说，迪安哥哥是爱你的，你误会他了。”“我误会他？难道他和酒吧女郎纠缠在一起，也是我误会他？”房东儿子急了，大声说：“姐姐，不是这样的，迪安哥哥得了癌症，医生说，他的肿瘤长在不好的位置，如果做手术很有可能直接死在手术台上，所以迪安哥哥才逃到这里来的，去酒吧只是排遣自己内心的恐惧，迪安哥哥说他爱上了你，所以才选择离开了你。”

落落一下子怔在了那里，眼泪瞬间扑簌簌掉了下来，难怪从见到迪安的那天起，就看到他脸白得有些病态，原来他病得这么严重。

落落挣扎着拿起桌子上的手机，她已经好久没有迪安的消息了，于是，她拨通了迪安的号码，说:“迪安，你回来吧！我要离开这里了，想见你最后一面，然后我们各奔东西。”

迪安推门进来时，落落一下子就扑进了迪安的怀里，口中喃喃道:“迪安，对不起，我爱你！”迪安想努力推开她，落落便把他抱得更紧了，说:“你好傻，怎么不早点儿告诉我，我陪你一起去医院做手术，只要我们一起面对，就一定会战胜病魔的，好吗？”迪安眼里立刻噙满了泪花，然后重重地点了点头。

郎骑竹马来，绕床弄青梅

一

小时候，她的父母过早去世，哥哥姐姐又都在外地工作，所以，她一直寄宿在邻居家。那一年，她 6 岁，家人将空房子租给来自外县的一户人家，因此，她认识了这家人 17 岁的儿子，从此，他们成了邻居。

他的到来，无疑给她孤寂的童年带来一抹阳光。那天，她找到他，两眼水汪汪地对他说："我没有父母，我的哥哥姐姐都到外地去了，以后你做我的哥哥好不好？"看着眼前这个楚楚可怜的小姑娘，他的心感到一阵怜惜。

他做了她的哥哥，而她成了他的影子。每当他在家做功课时，她会安静地坐在一旁；他和同学打篮球时，她会在操场一边，扯着嗓子喊："哥哥加油！哥哥加油！"他去野外玩耍，她也会紧跟不舍，还不时地撒娇说："哥哥，好累，你背我。"他们从来都是形影不离。

而他对她，亦像捧着珍珠一般把她捧在手心里。她喜欢美，他送她最漂亮的发卡；她喜欢吃糖葫芦，他会骑上单车穿过好几条街为她买来；她开心的时候，他跟她一起笑；她生病的时候，他就会跟着一起难过。

她的身边没有父母亲人，但她的童年因为有了这样一个哥哥而充满了欢乐。

二

那一年，她 13 岁，上了初中；他 24 岁，做了老师。机缘巧合，他居然成了她的数学老师。因为是邻居，所以，往后的日子，他几乎每天都会骑单车带她一起上下学，他们看上去俨然就像亲兄妹一般。

可是，有一天，班里一名同学对她狡黠地说："昨天看电影，看到你哥哥和他的女朋友在一起。"她听后神色有点恍惚，问同学："什么女朋友？"同学说："难道你不知道你哥哥有女朋友了吗？"她支支吾吾地说："哦，知道，知道。"说完就跑开了。

周末的午后，她假装躺在床上午休，却透过窗户看到哥哥走出了院子。她急忙起床尾随而去。快到电影院门口时，果然看到哥哥和一个漂亮女孩在约会。她有点生气，一步跨到他的面前说："哥，你和女朋友一起看电影，怎么不带上我？"他居然吓了一跳，急忙扭头向女孩子解释："哦，这是我妹妹。""你妹妹？你不是说你是独生子吗？怎么冒出来一个妹妹？"女孩有点没好气地问。"是这样的……"还没等他说完，她就上前一步挎住了他的胳膊，说："对，我就是他的妹妹兼女朋友。"他转而对她说："小妹，别闹了，哥有了女朋友会一起照顾你。”女孩不屑地看着他说：“谁要照顾她。”说完气哼哼地走了。

他摊开双手对她做了个鬼脸，说：“怎么办？女朋友泡汤了。”她挽着他的胳膊说：“泡汤就泡汤，等我长大后嫁给你。”

三

时光如沙漏一般，想起她 17 岁第一次收到他的礼物，她至今会觉得脸红心跳。那是一张明信片，上面写着一首打油诗：“我欲寻花白雪中，爱看梅花笑玲珑。小小情思谁欲知，妹在身旁似梦中。”她当然能解其中的含义。

可是，之后，他只是以自己的方式照顾她爱护她，却再没有对她有过任何表示。直到 20 岁那年，她和同学结伴去旅行，一去就是十多天，那是他们认识这么多年来分开最长的时间。那段日子，她茶饭不思，他夜不能寐，只因为对彼此的思念。这使得他们恍然明白，原来分别的滋味竟这样难耐。于是，再相见时，他们早已是四目相对，眉目传情，他一把将她拥在了怀里。也就是从那一刻起，他们正式确定了恋爱关系。3 年后，他们一起步入了婚姻殿堂，这一年，她 23 岁，他 34 岁。

走过春秋，走过冬夏，转眼，他们的爱情跨越了半个世纪却依然历久弥新，他们已是华发的老人。在她的卧室梳妆台下方的抽屉里，塞满了一本本影集，里面有几百张她与丈夫的合影。或拥抱，或牵手，或背靠背，每一张照片，都见证了他们两人幸福甜蜜的日子。

这就是尘世间一个最凡俗的爱情故事，没有太多的坎坷和挫折，有的只是平淡如水，但他们的爱情却依然感动了无数人。他们相差 11 岁，对于他们来说，这辈子最幸福的，莫过于能执子之手，与子偕老。

爱难以重来

一

大一那年，我和班里的徐雅丽成为好朋友，有一天，徐雅丽对我说："韩若云，我喜欢上一个人，就是大二的莫泊寒。"对徐雅丽的话我一点儿也不奇怪，因为我们学校的漂亮女生不知道有多少人喜欢莫泊寒呢！当然，也包括我。

莫泊寒长得也实在俊朗，比起他标准的身材，莫泊寒的眼睛长得更好看，他的眼睛悠远、深邃，像一汪清澈透明的湖水。有一天放学后，我一个人坐在学校操场的边缘，看同学们尽情地玩耍，突然，远远地我看到一个飘逸的身影向着操场的方向走来。原来是莫泊寒！他穿着一条玉白色的长裤，一件雪白的衬衫，额前长长的发梢在微风中轻轻地飘动着，那一刻我竟然有点心醉神迷。

可徐雅丽说喜欢莫泊寒，她是我的好朋友，也是学校公认的校花，面对她的表白，我只能装作若无其事的样子，因为我除了长着一副瘦高的身材，实在算不上漂亮，我也知道，我实在不是徐雅丽的对手。那时，大一班的教室在二楼，而大二班则在三楼，每次课间休息的时候，同学们都喜欢到楼下的草坪上走动走动，而楼上楼下来回地走动，总避免不了在楼梯上碰面。有好多次我和莫泊寒就是在楼梯上碰的面，但我从来都不曾和莫泊寒打过招呼！

那天，我抱着全班的作文本往教室走去，在上楼梯时，一不小心绊倒了，作文本也撒了一地，在我一本本从楼梯上捡作文本时，莫泊寒正好从楼上往下走，他赶忙帮我一起捡，当他把捡起的本子放在我怀里时，突然说："放学后，我在操场等你！"望着他潇洒的背影，我居然有点不知所措。

放学后，我还是准时来到了操场，莫泊寒已经在那里等我了，我茫然地问他："有什么事吗？"莫泊寒却温柔地对我说："若云，我们交朋友吧！"我有点吃惊地问："交朋友？可徐雅丽说她喜欢你。""徐雅丽喜欢谁跟我有关系吗？我喜欢的人是你。"不知道为什么，我的眼泪忽然间不争气地奔涌而出。

从那以后，无数风轻云淡的日子里，有我们如影随形的身影，我们一起看蓝天白云，看绿树成荫，看人来人往，看车水马龙，然后我们一起笑，一起闹。那些日子，幸福就如天上的毛毛雨！我们在一起看书、学习，也探讨问题，节假日的时候我们也相约一起出去玩，小河边、柳树下都留下了我们的足迹，也留下了我们的欢声笑语。

二

那些美好的日子就像流水一样，伴着我们一起静静地走过了两年，我们的情感也随着岁月的流逝而根深蒂固。那一年，莫泊寒考研时报考了上海的一所院校，他说，他会在上海等我，等我明年考研时也考到那里，那样我和他就会又在一起了。

离别的那天，站台上，我哭红了眼睛，莫泊寒捧起我的脸笑着说："傻丫头，哭什么啊，我们又不是生死别离。"任他怎么安慰，我还是一个劲儿地抹眼泪。莫泊寒说："好了，一年以后我们就会见面的，到那时我们就会永远不分开了。"莫泊寒抱着我，久久不肯松手，直到火车拉响了汽笛，他才转身跳上了火车，临走还不忘嘱咐我："别忘了写信。"

那年，我除了发奋读书便是跟莫泊寒通信了，他每次信上总是说："傻瓜，不要哭鼻子啊！我们很快就会在一起的。"彼此接收对方的来信成了我们那一年最美好的期待。就在我接近考研的时候，突然一连十天我都没有收到莫泊寒的来信，我慌了，不知道发生了什么事情。好友徐雅丽安慰我："不会有什么事的，估计莫泊寒怕耽搁你复习考试吧！"

等到第二十天时，我终于收到了莫泊寒的来信，可那却是一封无情的绝交信，信上说："若云，原谅我，请你一定要原谅我。她和我同班，追求我已经很久了，我知道我心里爱的人一直是你，但她的父母是高干，可以提供我出国留学的机会，你也知道，凭我的条件，出国是件连想都不敢想的事情，所以我选择了她。若云，你骂我吧，怎么样骂我都可以。让我最后再说一声，若云，我爱你。"看完这封信，我把它撕得粉碎。

那些日子，我整个人都崩溃了，哭得昏天黑地、死去活来，难道对于莫泊寒来说，出国、前程就要取代一段美好的感情？徐雅丽一直劝导着我，既然他是那样忘恩负义，不如把他从心底彻底删除吧！接下来，考试、升学，最后，我毅然选择了北方一所院校，我想离那个令我伤心的地方越远越好。研究生三年，一位有着和莫泊寒一样眼神的男生爱上了我，百般照顾我，毕业后，我们一起走进了婚姻的殿堂。然而，每每望着那双像极了另外一个人的眼神，我总会陷入一场无法自拔的痛苦当中。

三

十年后，我回母校参加同学聚会，见到了我阔别多年的同学，徐雅丽在看到我的一刹那兴奋地抱着我不放，嘴里不停地说："韩若云，你怎么越来越漂亮了？岁月怎么没在你的身上留下痕迹？这不公平。"可是，只有我知道，岁月却在我的心上留下了痛苦的印记，因为我一直无法摆脱那个痛苦的忧伤。

和同学们一一打过招呼后，徐雅丽把我叫到一边，对我说："若云，知道吗？莫泊寒也来了，他在外面等你，你要不要去见他？"我立刻愤怒地说："凭什么要我去见他，他在我心里已经死了，我永远都不会去见他的。"徐雅丽说："可是，这些年你对他并没有释然，不是吗？”我坚定地说：“就算这样，我也不会原谅他的，你让他走吧！”“难道你不想知道当初他离开你的真正原因吗？”徐雅丽说。

见到莫泊寒时，他一脸痛苦的表情，他对我说：“若云，我知道你恨我，但我必须告诉你事情的真相。当初，我患上了一种奇怪的皮肤病，刚开始，我以为很快就会治好，可是到后来医生对我下了判决，医生说，这是一种传染性的皮肤病，有的人一辈子也治不好这种病。我怕连累你，所以才写了那样一封信……”我哭着喊：“为什么你当初不把真相告诉我？为什么你要对我这么残忍？”

莫泊寒接着说：“我也没想到，经过多方求治，在一位老中医的治疗下，我的病终于彻底好了。但那时，你已经结婚了。想想自己看病欠下了债，我便开始发奋创业，终于有了今天的成就，所以今天我可以面对你了。若云，我们都还很年轻，我们可以重新再来。我知道你们之间没有爱情，我会补偿他的。”这时，我已经泣不成声了。

送我回家的路上，莫泊寒说：“这件事对你来说或许太突然了，我给你时间，你好好考虑一下，我会等你电话的。”

回到家时，已经是晚上12点了，爱人还在灯下看书，看到我回来，爱人急忙给我泡了杯茶。爱人说：“今天聚会很开心吧！怕你喝多了酒，所以不敢睡，等你回来给你泡解酒茶。”捧着爱人那杯热茶，我热泪滚滚，心一下子释然了，原来爱情一直都在我身边。于是，我平静地给莫泊寒写了短信：“有些爱，离开了，就回不来了。”

浅浅时光，几许温暖

一

她选择了他，让很多人为此唏嘘。那么清秀的女子，身边围着那么多出色的男子，而他却相貌平平，资质一般。但她却不为所动，她看中的不是物质和外表，而是他的贴心。

那次，和许多人去登山，所有人都似乎被胜利冲昏了头脑，一个个争先恐后地向山顶冲去，只为争得那一顶桂冠。她有恐高症，每次遇到峭壁时，她吓得总是弯下腰不敢前行，这时，有一双手用力地拉她一把。最后，在那次登山比赛中，他自然名落孙山，但是却赢得了她的芳心。

本来就到了适婚的年龄，遇上了，相爱了，结婚了，一切都是自然而然的。

婚后，两个人在一起的日子，就像蘸了蜜糖一样黏稠。他们手拉手去买菜，回来一起择菜洗菜，再一起炒菜，她在前面掌勺，他在后面用双臂环绕住她的腰。吃完了饭，她洗碗，他擦桌子，她扫地，他拖地，彼此配合得非常默契。就连他出门倒个垃圾，他也在后面跟着，邻居见到开玩笑说："真没见过你们这样的，黏在一起跟一个人似的。”他笑说：“我就是她的黏黏胶。”

那时的他们，生活并不富裕，住的是简单的家属房，吃的是粗茶淡饭，穿的是朴素的衣裳，可他们的生活却过得跟蜜糖似的。

二

每天，他们有着无尽的缠绵，说不完的情话。他说，总有一天，他要给她最好的生活。她笑言，他想给的好生活，她已经得到了，没有什么比现在的生活更让她满足了。

他们去单位上班，如果他先一步回家看不到她，他就去上班的路上接她；她和朋友去聚餐，他不放心，总会早早地等在回家的路上。他们一起并排往回走，怕车辆撞到她，他永远都是走在她的左边。

后来，怕他担心，她尽量推掉那些没必要的聚会，下班就匆匆回家。他怕一时看不见她，她就会飞了似的，他尽量不去参加那些没必要的应酬，下班也早早回家。他们把所有属于自己的时间，都用来相爱相守。

那一年，“下海”的浪潮突然汹涌而至，这浪潮自然也冲击着他。他一直都想给她最好的生活，看来机会真的来了。他说，给我两年的时间，我一定会给你荣华富贵。她说，如果我贪图荣华富贵，当初就不会嫁给你，我不要大房子和跑车，不要貂皮大衣和钻戒，我只要现在安逸的生活。他笑她：“傻丫头，你真的不可理喻。”

拗不过他，她只好妥协，任他这两年在外东奔西跑，好在只是两年的期限。

三

时光如梭，转眼，两年过去了，他真的为她换了大房子，买来了貂皮大衣和钻戒，也开上了跑车。只是，他依旧忙得不可开交，忙着见客户，忙着出远门，忙着去应酬，唯独把她一个人丢在家里。她时常揽镜自问，这真的是自己当初想要的生活吗？虽然镜子里的自己浑身珠光宝气，但她分明看到自己眼角那一抹浓得化不开的忧伤，她决定和他谈谈。

可是，从晚饭一直等到午夜，她依然没有等到他归来。她有点疲倦了，便模模糊糊地倒在客厅的沙发上睡着了，睡梦中脸上还挂着一行泪。

从结婚到现在，她第一次和他大吵大闹，他们吵得惊天动地。

她控诉他每天不着家，就知道在外应酬，没完没了地应酬。

他说她，越来越没有女人的风度，在外这么辛苦，还不是为了你，你以为我在外做生意容易吗？

她说他，那么，说好的两年的期限呢？

他说她，两年只不过是个开始。我总不至于在家坐吃山空吧！

吵着吵着她哭了，也累了，而他却心软了。

他抱着不断抽泣的她，答应以后一定推掉一些应酬，早点回家陪她。

四

有那么几天，他关了手机，推掉了应酬，在家静静地陪着她。可是，不知道哪里不对劲了，她做任何事情的时候，他只是在一旁静静地看着，他不再是她的“黏黏胶”。她亦没有了以前的温柔，整个人都变得冷冰冰的。

他索性开了手机，有一句没一句地和谁聊着天。

晚饭后，他去洗澡，却忽略了手机就放在沙发上。她并不是有意要接他的电话，只是那手机一直固执地响个不停，她怕耽误他重要的事情，所以才接了那通来电。电话那头，不由分说，就传来一个娇滴滴的声音:“哥哥，这几天怎么联系不上你了？想我了吗？记得来时给我买苹果手机。喂喂喂……说话啊！”可能对方意识到了什么，电话挂断了。

他从卫生间出来，看到她手里握着的手机，似乎明白了一切。他急忙向她解释道，那都是应酬，他心里爱的一直是她，他一时一刻都没有忘记过她。

任凭他说什么，她却像根木雕一样一动不动，不哭也不闹。

怕她做傻事，他一直陪着她，直到第二天早晨，她终于开口说了一句话:“我们离婚吧!”他声嘶力竭地回答:“不，我不同意离婚。告诉我，你到底想要什么?”

我到底想要什么?她苦笑着。一幕幕往事却如放电影一般在她眼前掠过，她喜欢网上写作，他总是悄无声息地冲上一杯绿茶给她；夜里，她突然肚子疼，他急忙披上衣服上街为她买来了药；下雨天，他总会为她送上一把雨伞……

浅浅时光，几许温暖，她终究想要的只不过是些简单的幸福。

我在这里等你

一

久违了，上海！

当高致远拖着偌大的行李箱走出机场时，暮色已不声不响地飘落下来。站在机场出口，高致远一时感慨万千，终于又回到了这片土地。

从机场到学校，坐在出租车里，沿路观望，繁华的大上海处处显现出它的独特魅力，流动的车灯、绚丽的桥梁，灯火通明的高楼大厦，江面上忽明忽暗的霓虹，无不散发着迷幻而柔和的光芒。然而，透过眼前这些奇幻无比的美景，致远的思绪却早已飞到了过去。

十岁的那年暑假，高致远跟随父亲一起来到上海浦东。自从母亲患上白血病一直到离开这个世界，他们家便债台高筑。高致远家的一个远房亲戚在上海浦东开了家超市，那时的北方薪水较低，而这里的薪水每月能高出北方几倍，所以他的父亲才不远千里，带着他从北方到南方来打工。

白天，致远的父亲去上班，他一个人便在住宿的周边任意玩耍。虽然他们住在一间阴暗潮湿的小房子里，但周边环境却很美。这里不仅有错落有致的高楼大厦，波光粼粼的浦江水，还有蓝天、绿树和沙滩。致远最喜欢在沙滩上玩耍，每天光脚在沙滩上捡贝壳，然后把贝壳放进一个玻璃瓶子里观赏，是他最美的时光，因为这时候他就可以暂且忘记失去母亲的痛苦。

二

那一天，致远从沙滩上回来，路过一个植物园时，看到一棵高大的椰子树下，一个脏兮兮的小女孩正抱着一只同样脏兮兮的小猫在哭泣，致远急忙走上前去，问:“小妹妹，你为什么哭呢？”听到有人跟她说话，小女孩这才抬起泪汪汪的大眼睛说:“小哥哥，你可以帮帮我吗？小猫受伤了耶！”致远这才看到，原来小猫的腿上渗满了血迹，好像被车子撞到了。于是又问:“这是你家的小猫吗？”小女孩说:“这是我捡来的小猫，它没有妈妈了，我也没有妈妈了。”说着，小女孩又抽抽搭搭地哭了起来。

致远一直认为自己是最不幸的孩子，没想到，这世上居然还有人和他一样不幸。于是，他用大人的口吻问小女孩:“你妈妈呢？”小女孩回答:“我爸爸说，我妈妈生下我后就去世了。”“那你叫什么名字？几岁了？”小女歪着头说:“我八岁了，因为我是夏天下雨的时候生的，所以我叫夏小雨。”说完，夏小雨用舌尖舔了一下流在嘴角的鼻涕。

也许是相同的命运，让高致远顿时心生怜惜，他急忙用自己的袖口为夏小雨擦去了脸上的泪痕和鼻涕。然后告诉她说：“你在这里等我，我马上回去取药。”说着致远一溜烟地跑走了。

不一会儿，致远手里拿着药水和纱布又跑了回来。他蹲下身子，为夏小雨怀里的小猫小心翼翼地擦拭着伤口，然后又用纱布帮小猫包好，直到一旁的夏小雨破涕为笑。

三

那个暑假，他们成了一对形影不离的小伙伴。他们一起捡贝壳，一起照顾小猫，一起在沙滩上牵着手奔跑。尤其小雨每天像个跟屁虫一样跟在致远的身后。“小哥哥，你看这只贝壳好看吗？”“小哥哥，小猫是不是长胖了呀！”“小哥哥，你等等我呀！”每每这时，致远都会故作姿态地说：“女生真的好麻烦啊！”看到小雨噘起了小嘴，用小拳头轻轻地捶打自己，致远就会开心地对她说：“傻丫头，逗你呢，我怎么会嫌你麻烦呢！”

桂花飘香的时候，也是暑假即将结束之时，致远的父亲做了个决定，准备让致远回北方老家继续读书，因为在上海就读，上学的费用对于他们家来说，实在太昂贵了。

离开的那天下午，椰子树下，夏小雨哭得就像高致远第一次看到她抱着小猫时的样子，她一边哭一边说：“小哥哥，你还会再来上海吗？”致远一边用袖口帮小雨擦着眼泪，一边安慰她说：“放心吧！明年暑假我还会再来的，你要乖乖地等我啊！”小雨还是有点不放心地说：“小哥哥，不许耍赖啊，你一定要记住，我会一直一直在这里等你的。”直到致远郑重发誓：“我一定会回来看你。”

事实上，致远再也没有回来过，并不是他有意辜负了当初在椰子树下的承诺，而是他的父亲，在第二年的初夏，因为超市转让后失业，而回到了北方，他便再也没有机会回到上海。即便他后来长大成人，每个寒暑假也要把时间花在打工还债上，直到他发奋读书，考到了上海一所大学里来。

四

高致远一下出租车，便有学长前来帮他提行李箱，并带他一起办理了入学登记，一切就绪，顾不上旅途劳累，他便飞一般地朝浦东奔去。

从学校到浦东，坐公交也不过一个小时的路程。来到当初分别的地方，致远才发现，一切早已物是人非，植物园似乎变大了许多，周围多出了许多南方特有的珍稀花草树木，不变的是那棵亭亭玉立的椰子树。

高致远在这里足足待了两个小时，椰子树下，那双期盼的眼神一直在他的眼前不停地浮现，可是，亲爱的小妹，你在哪里？你还好吗？

也就是从这一天开始，无论寒暑，高致远利用每个节假日，都会到椰子树下去寻觅年少时的那个影子，怀念年少时的那段日子。只是这样的寻寻觅觅，却抵不过时光的飞逝，转眼，四年的大学生活即将结束。这天，他决定最后一次来到植物园，做最后的告别，因为他很快就要回到北方去了。也许，他们之间再也无缘相见。

五

那天，从植物园回来，在返校的公交车上，高致远坐在左边靠窗的一个位置，一路上心事重重。突然，在一个站台前，上来一位步履蹒跚的老太太，这让沉思中的高致远连想也没想就起身给老太太让座。就在他起身让座的同时，坐在右边靠窗位置的一位年轻女孩也站了起来，只听他们异口同声地说："老奶奶来坐我这里。"而后，他们相视一笑。

后来，老太太坐在了高致远的座位上，不明所以的老太太握着致远的手说："小伙子，你这么有爱心，你女朋友还长得这么漂亮，你俩真是天生的一对。"听老太太这么一说，委实让两个人很尴尬，于是致远急忙解释说："她不是我女朋友，我们俩根本不认识。"

有时候，事情总是向着戏剧性的方向发展。坐在驾驶位置的司机师傅看到这对俊男靓女，便开玩笑地对他们说："不如我给你们做个媒，你们两个互相交换一下电话号码，交个朋友如何？"话音刚落，便遭到了全车人的起哄："在一起！在一起！"致远和女孩只好在众目睽睽之下交换了电话号码，可是，车上的乘客还不罢休，不停地呼喊着:“约会！约会！”出于礼貌，致远对女孩说:“那就由女生选择约会地点吧。”女孩羞涩地说:“不如到浦东植物园吧！”

女孩的话，却让致远吃惊不小，本来致远准备下车后婉言拒绝女孩的，现在反而对女孩产生了极大的兴趣，浦东植物园是反方向，女孩为什么选择植物园，难道女孩和自己一样，在那里也有挥之不去的记忆？

六

植物园里，灿烂的阳光普照着大地。此刻，高致远才发现原来植物园的景色如此秀丽，这里树影婆娑，花韵袭人，大片大片的花丛和挂满了花朵的树木，散发着各种各样的花香，随着微风四处飘逸。

越过花香，致远随女孩一起来到椰子树下。因为在车上，致远并没有看清女孩的模样，趁女孩凝思的片刻，致远急忙仔细打量起身旁的女孩来。只见她一头乌黑亮丽的长发柔顺地披在肩上，一对晶莹秀澈的大眼睛，仿佛有阳光在里面跳跃着，十分的可人。致远突然有种错觉，感觉女孩特别的亲切，就像很久以前的老朋友一样。

女孩选择在植物园约会，为什么又偏偏来到椰子树下？难道一切都是巧合？诸多的疑问，还没等致远一一询问，女孩却径自诉说起来:“十多年前，曾经有个小哥哥在这里许下诺言来看我，十多年了，小哥哥还是没有来赴约，好吧，就让这一切结束吧！看得出，你是一个淳朴善良的人，你愿意做我的大哥哥吗？……”后面女孩还说了些什么，致远没有听清楚，他完全被眼前的女孩惊呆了，声音有些颤抖地问：“你是不是名叫夏小雨？”女孩说：“是啊，我是叫夏小雨，你叫什么名字呢？”高致远对夏小雨说：“你仔细看看，我就是你的小哥哥高致远啊！”顿时，世界好像凝固了一般。

待他们情绪平复后，高致远把这些年的经历一一告诉了夏小雨，夏小雨也把这些年的经历一一告诉了高致远。原来，自从高致远离开上海，小雨几乎每天都会到植物园来，怀念、等待或者静思，一年、两年，甚至十年，直到她去年考上本地大学，她来这里的次数才逐渐减少。就在今天，她抽空又来到了这里，虽然知道遇到小哥哥的概率近乎零，但她还是坚持来到这里。椰子树下，她待了很长一段时间后才离开，然后又去了对面的一家图书馆，而就在她去图书馆的间隙，高致远却来晚了一步。不过，好在命运眷顾，却让他们在公交车上相遇，又被车上的司机和乘客一起撮合，才有了现在他们重逢的结局。

三年后，高致远和夏小雨牵手一起来到当初的这辆公交车上，只不过，他们是来向司机师傅和乘客们报喜讯的，因为他们就要结婚了。

其实，有时候，缘分就是天注定。就算光阴如烟、日月流转，我依然在这里等你归来。

陪你去看海

一

“丫丫，你的愿望是什么？”思海一边砍柴一边问一旁正在割草的丫丫。丫丫起身擦了把头上的汗，沉思了一会儿说：“我的愿望是去看海。”思海愣怔了一下，问：“为什么是去看海？”丫丫说：“我喜欢海，因为你的名字里有海啊！”说完，丫丫反问思海，“那你的愿望是什么呢？”思海想也没想地说：“我的愿望就是陪你去看海。”

说这话时，他们都刚刚8岁。这是两个苦命的孩子，他们自小生活在南方一个人烟稀少的大山里。思海的父亲在一次上山砍柴时，不小心跌落山崖，不幸去世，后来母亲改嫁，他只好跟奶奶相依为命。丫丫则生活在一个很清贫的家庭里，因为父母为她又接连生下两个弟弟，生活变得越发捉襟见肘。那时，因为割草可以到村大队换取些许的粮食，小小年纪的她便经常到大山里独自割草，顺便挖些野菜回来。

那天，和往常一样，丫丫背起箩筐又去山里割草，谁知，回来的路上，天空突然电闪雷鸣，不一会儿，便下起了倾盆大雨。因为周围没有避雨的地方，丫丫急忙往山下跑，可是，雨水冲刷得太厉害了，丫丫脚下一滑，便顺着山坡滚落下来，眼看着丫丫就要滚进山涧滚滚的洪流中去，突然，一个少年横空挡住了从山上滚落下来的丫丫。少年急忙将惊魂未定的丫丫扶起，又将她搀扶到一个避雨的地方，脱下自己的上衣为她轻轻擦拭脸上的雨水和擦伤，怜惜地说："你这么小，怎么一个人上山？"丫丫说："你还不是一样？"少年说："可我是男子汉。"

从两个人你一句我一句中，丫丫才知道，原来少年名叫思海，住在后山腰，也经常到山上来砍柴。于是，他们两人约定好，以后一块儿上山砍柴、割草，抑或挖野菜。

二

这里的山有很多很多，它们重重叠叠，一座连着一座，山上有很多很多的树，有的高，有的矮，由于这里四季如春，所以树是绿的，草是绿的，野菜是绿的，山也是绿的，一切看上去是那样的茂盛。所以，山上的"宝藏"可以常年供思海和丫丫摘取，取之不尽，用之不完。

而每次上山，思海总是拉着丫丫的手，即使一前一后，思海也不放开，好像一放手，丫丫就会滚落山下似的。等到了目的地，思海便一刻不停地先干完自己的活儿，再帮丫丫割草、挖野菜，两个小伙伴虽然有时候累得汗流浃背，但他们因为有了彼此的陪伴，所以累并快乐着。

闲暇的时候，他们两人就会坐在一起聊天。那天，坐在树杈上的思海对坐在草地上的丫丫说：“你听，有唢呐声，山那边有人娶媳妇呢！”丫丫侧耳听了听说：“嗯，是的。”接着思海又说：“丫丫，那你长大了愿不愿意嫁给我？”丫丫抬起眉毛瞪大眼睛说：“当然愿意了，思海哥是世界上对我最好的人，嫁给你，我们就可以永远在一起了。”“那我们拉钩上吊吧。”于是，两个小伙伴走近后，两个小拇指紧紧地勾在了一起，然后用两个大拇指分别上翻盖章。

有时候，他们在一起偶尔也会哼唱一曲不知谁编的山歌：“共个太阳共个天，两小无猜共少年。曾在山里同石坐，说是无缘也有缘。”唱完后，两人便开心地笑作一团。是的，这不是在最好的时光里遇见你，这是遇见你以后每天都是最好的时光。

这一年，夏至过完的时候，有一天，思海对丫丫说：“还记得年初我们许下的愿望吗？”丫丫点点头说：“当然记得。”思海说：“我想过了，要想改变命运，我们只有去上学，将来考上大学，才能走出大山去看海。”丫丫说：“好吧，那我们就上学吧！”于是，9月份的时候，他们一起上了离家挺远的一所小学。

三

他们一起相伴走过了两年的小学时光，可是，在丫丫准备上小学三年级时，她的父母却突然责令她退学，因为她的弟弟也到了适学的年龄，他们认为一个女孩子家，上两年学认识几个字就足够了，没必要再接着上了。可是，一想到如果不上学，就不能实现他们的愿望，丫丫就急哭了。后来，还是思海到家里跟丫丫的父母保证，以后每天放学后，帮丫丫一起到山上割草挖野菜，丫丫的父母才勉强答应没让丫丫退学。

那年初中毕业，他们双双考上了高中，可是，这一年，他们的家里却分别发生了一些变故。先是丫丫的父亲查出了慢性病，这就意味着丫丫的父亲再也不能干体力活儿，而母亲因为生下两个弟弟后身体一直虚弱，所以家里的重担就落在了丫丫的身上，因此无论如何丫丫也不能再读书了。紧接着，思海的奶奶也因病去世了。

面对如此困境，思忖再三，思海做出了决定，他对丫丫说："只有我出去打工，你才有可能继续上学，家里的困难也才能得到解决。"丫丫说："这个学你来上，我出去打工，否则，这学我也不上。"思海说："别说傻话了，你忘了我们的约定了吗？只有你将来考上大学，才可以带我去看海。再说，我已经联系好了一个建筑队，不久我就要去上工了。"

思海出去打工的那一天，丫丫哭肿了双眼。思海说："傻丫头，哭什么呢？如果你实在觉得心里过意不去，那你就用最好的成绩来报答我。"

有了思海在后面做坚强的后盾，丫丫把所有的精力都用在了学习上，高中毕业后，丫丫终于如愿考入了某市一所名牌大学。

送丫丫上大学走的那一天，思海专程从建筑队赶回来，给丫丫带足了学费，还特意为丫丫买了很多生活必需品。丫丫责怪他说：“买这么多东西干啥？浪费钱。”思海说：“到了城里，不比在家，别让人家看不起咱们山里人。”

四

大学几年，思海怕影响丫丫学习，约定每月他们彼此只写一封信给对方。思海的信里，一直都很简短，每次都是叮嘱丫丫吃好点儿，穿好点儿，别太寒酸之类的话。丫丫的信里，也都是些琐碎的，无非就是在学校里的一些见闻和自己最近的学习状况。

丫丫即将大学毕业时，给思海寄来一封信，信里还夹了几张照片，说是他们同学外出采风时拍的。令思海震惊的是，几年的大学生活，丫丫似乎已经脱胎换骨了，身上再也没有山里人的那种土气，丫丫俨然变成了一个优雅的城里人。

最主要的是，在几张照片中，丫丫身边总是站着一位帅气的小伙子，看上去和丫丫是那么般配。回头再看看自己，常年在建筑队里干活儿，黝黑的皮肤，粗糙的双手，肮脏的衣服，哪里还配得上这个漂亮的丫丫。

可是这么多年，让他一朝放弃丫丫，他怎么舍得？想了许久，他给丫丫写了封信，想试探着问一下那个帅气的小伙子是不是在追她。

很快他就收到了丫丫的回信，信上说，那小伙子确实在追她，但她不会答应的，因为她心里早已经有了思海哥。

此后一个月，思海内心一直在做着痛苦的挣扎。丫丫即将大学毕业，毕业后势必有机会留在城里找一份体面的工作，丫丫更应该找一个像照片上的小伙子一样的男朋友，而不是自己这样一个建筑工人。自己现在根本就配不上丫丫，想到这，思海又动笔给丫丫写了一封信。

信的内容是：丫丫，我可能不再爱你了，我爱上了一个和我一起工作的女子，我们是在工作中产生的感情，不过请放心，家里一切你不用操心，我会照顾好的。你也即将大学毕业了，毕业后你留在城里找一份好的工作，再找一个城里人安心过日子吧！祝福你！思海。

五

丫丫收到思海的信时，整个人傻在了那里，待情绪稳定后，她给思海也写了一封意味深长的信：亲爱的思海，你对我以及我们家人的恩情，不是一个谢字就能表达的。我们从小青梅竹马，我是多么依赖我的思海哥，多么不舍得离开我的思海哥，可是，在前一段的学生体检时，医生说我得了一种病，可能我剩下的时间不足两年了，本来这一切我不想过早告诉你，但听说你有了心上人，你知道我有多高兴吗？因为，至少我不用再担心，如果没有了我你就活不下去了。

思海哥，以后我不再是你的负担，你也不用再管我了。只是，我还有一个心愿没有了却，就是你说过要陪我一起去看海。这几天，我已经拿到了大学毕业证，学校基本也没有什么事情了。那么，我会在某市的海边，一直一直等你到来……

接到丫丫的信，思海差点晕倒，一直以来，自己只顾着丫丫的生活起居，却忽略了丫丫的身体状况。他一边深深谴责着自己的粗心大意，一边赶紧收拾东西准备即刻赶往某市。

来到海边，蓝色的海水涌起了滚滚浪花，浪涛用力地拍打着岸边的礁石，只是此刻，思海的心情比海水还要汹涌。远处站着的，哪里还是山里那个强壮的丫丫，分明就是一株弱不禁风的嫩草。思海急忙跑过去，一把抱住了丫丫，流着泪心疼地说："傻丫头，为什么不早点告诉我？别害怕，我保证就是用我的命也要换回你的命。"丫丫却冷漠地说："不必了，你现在已经有了心上人，你应该为她好好活着。"思海一时有点哑然，但随即有点愧疚地说："丫丫，原谅我，我是骗你的，因为我想让你有个好归宿，我从来没有过别人，我的心里只有你，你放心好了，我会一直陪伴你的。"

丫丫突然在思海的怀里哭出了声，说："思海哥，你知道我为什么要来看海吗？"思海疑惑地问："为什么？"丫丫说："小时候，我听人讲过，人的胸怀可以像海洋一样宽广，我就想，思海哥的胸怀到底有多宽广呢！今天我终于看到了，思海哥的胸怀不仅像海洋一样宽广，而且像金子一样闪光。可是，这样一个闪光的人，你为什么要我失去他呢？”思海急忙说：“对不起丫丫，都是我的错，我再也不会让你离开我，也再不会让自己失去你了，我一定好好珍惜我们在一起的日子，一定尽快把你的病治好。”

丫丫依然哭泣着说：“你这个傻瓜，谁有病了，如果我不骗你，你还会回到我身边吗？”这时的思海才恍然大悟，厉声说：“小丫头，你居然敢骗我！”丫丫反击道：“还不是你先骗我。”说完，他们在沙滩上开始追逐着打闹起来，欢快的笑声不时从海浪声中传来。

爱，从未改变

一

唐小婉被公司总部临时派往北海分公司做部门经理。一下飞机，心情大好的她，脚步就像踏着云朵一样翩翩起舞，细软的高跟鞋踩在地板上，发出了有节奏的“嗒嗒”声。

随着涌动的人流，唐小婉迈着轻快的步子走出候机室，走下高高的台阶。可是，就在她即将走完最后一个台阶时，意外发生了，她的高跟鞋不小心刮在了台阶上，整个人也随之扑到了走在前面的男子身上。男子向前一个趔趄，最终没有站稳，便连同背后的唐小婉一起扑倒在地面上。看到他们摔倒，后面的人急忙把他们一一拽起，好在摔得不是太严重。

待男子回转身来，唐小婉看到，那么精致的西装，卡其色的，任谁穿在身上也一定会气宇轩昂，如今，却被染上了一层灰尘。唐小婉顾不上看对方的脸，就开始手忙脚乱地从包里掏出手帕，连声说：“对不起，对不起，我帮你擦一下。”说着，上前就开始为男子擦拭起来。

男子急忙用手挡住了她，说：“真的没关系。只是，你没摔疼吧？”直到两个人抬头看向对方，才呆住了，他们几乎不约而同地叫起来:“怎么是你？”愣怔片刻，男子嘴里就开始喃喃地说:“小婉，小婉。”

小婉的眼泪一下子就掉了下来，她说:“于洋，你说世界那么大，世界怎么又那么小呢？”于洋便拉住了小婉的手，再也不舍得放开，生怕一放手，小婉就会再也看不到似的。

于洋牵着小婉的手，来到了一家就近的茶馆，小婉不安地把手抽出来，问于洋:“你怎么会在北海？她呢？”于洋的脸色暗淡下来，说:“我们已经分手了，分手后，我应聘了北海一家公司。这不，公司派我去出差，今日刚刚返回。”停顿了一会儿，于洋又接着说，“对了，小婉，你怎么也会到北海来？他呢？”一句话，勾起了小婉无限的遐思。

二

八年前，唐小婉和于洋同时来到了一所大学报到，他们一前一后，拖着相同的行李箱，等他们签完到，便拖着各自的行李箱去寻找宿舍了。当小婉来到宿舍，打开行李箱，她立刻就傻眼了，行李箱里怎么全是男士的用品？

小婉恍然想起，一定是在签到时拿错了行李箱，可她初来乍到的，大学的校园又那么大，到哪里去找那位男生呢？就在她心急火燎时，还是同宿舍的同学提醒了她，让她到校门口的留言板上登个启事。这倒是个好办法，小婉急忙跑到校门口留了言，可半天过去了，还是没有人来找她交换行李。

其实，与此同时，于洋也在着急地寻找着自己的行李箱，等他想起去校门口留言板上留言时，已经过去大半天了。来到留言板前，看到小婉已经先一步留言，于洋一时激动万分。

于洋拖着行李箱出现在唐小婉的面前时，两个人彼此审视着对方，等他们交换完行李，都情不自禁地笑了起来，似乎从这一刻开始，两个人便有了某种说不清的缘分。

于是，每到周末，于洋便有意无意地等在小婉的宿舍外面，不管能不能等到她，于洋觉得都是值得的。如果等到了小婉，两个人就一起跑去学校的小树林里，看书或者聊天。

爱情就是在时光的细枝末节里萌芽的。那一次，于洋来找小婉，两个人相约一起骑单车到学校周边去游玩。那天，小婉穿着条漂亮的长裙，和于洋一起兴高采烈地沿途欣赏着美丽的风景。突然，车轮发出了“吱吱”的声音，原来，小婉的长裙缠进了车轮里，说时迟，那时快，小婉“哎呀”一声连车带人便倒向了于洋这边。于洋看到发生了状况，急忙扔下自己的自行车，向小婉倒下的方向扑了过去，刹那间，于洋就被小婉的车子重重地压在了身下。事后，于洋受了点儿轻伤，小婉的裙子虽然报废了，但人却安然无恙。

这场英雄救美，让于洋彻底走进了小婉的心里。小婉说：“于洋，谢谢你不顾个人安危来保护我，这辈子，我把自己交给你，好吗？”

于洋便牵起了小婉的手，郑重地说：“这辈子，我会用生命来爱你。”

从此，他们便成了一对形影不离的小情侣。

三

转眼，大学即将毕业，两人也要各奔东西，因为他们的父母分别在各自的城市为他们安排了一份很安逸的工作。

分别那天，于洋将一条紫红色的围巾围在了小婉的脖子上，那是于洋在商场精心挑选的。小婉也将一双毛线手套塞在了于洋的怀中，那是小婉亲手编织的。两个人默默相对，忧伤像洪水一样漫过两个人的心坎……可是，在毕业分配面前，爱情似乎太渺小了。曾经的爱情誓言，也不过像一阵风，散了。

一年后，从生疏到熟悉，忙忙碌碌的工作渐渐理出了头绪。其间，有人给小婉介绍过男友，但她都借故推掉了。直到后来，一个相貌、学识、才干俱佳的男孩对她穷追不舍，她才勉强答应和他相处。

男孩天生是个浪漫而有情调的人，不是约她去赏花，就是约她去听雨，月下散步，小溪边留影。只是，这些繁多的花样，不但没有打动小婉，反而弄得她有点无所适从。

有一次，小婉被男友拉去黄山游玩，小婉开始并不想去，可后来还是答应了。因为她想弄明白，这么优秀的男孩，为什么始终走不进她的心？

来到黄山，站在峰顶，俯瞰着眼前的青松翠竹、重重山峦，小婉居然忘情地欢呼起来。突然，在不远的人群里，小婉看到了一个熟悉的身影，即使不看正面，小婉也能认出此人就是于洋。这时的于洋似乎被她的欢呼声牵引着，也正目不转睛地盯着她看。

他们就这样足足对望了一分钟，突然，于洋身边一位漂亮的女孩挽住了于洋的胳膊，一把将于洋拽走了。这时，小婉的男友也正好挽住了小婉的胳膊，拉着她向相反方向走去。于是，两个人便一步一回头地看向对方，直到看不见彼此的身影。

旅游归来，小婉忽然明白了自己不能接纳现男友的原因。后来，她和男友分手了。可是，她和于洋又能怎样呢？于洋已经有了女朋友。

转眼，已经28岁的小婉，青春渐行渐远，情感生活却一直空白。只不过小婉不知道，这几年，于洋的境遇，简直和她一模一样。

听完小婉的诉说，于洋竟然激动地再次握住小婉的手说：“小婉，你说，冥冥之中，我们是不是有着扯不断的缘？”小婉脸色绯红地调侃说：“是你阴魂不散吧？”

接下来，两个人便开始频繁地约会，他们在一起聊天、散步、拥抱和亲吻，一切都是那样的自然而然。

四

一个明媚的下午，在一片花草的簇拥下，于洋单膝跪地正式向小婉提出了求婚，小婉接受了于洋的请求，并承诺说："等我向公司总部申请留在北海后就结婚。"于是，两个幸福的人便期盼着走向红地毯的那一刻。

那天，小婉应同事相邀到茶馆喝茶。一进茶馆，她随意瞥了一下，却发现在一个角落里，于洋正和一个漂亮女孩攀谈着什么。仔细看，女孩不是别人，正是在黄山旅游时和于洋一起出游的女孩。

小婉的心一下子沉入了谷底，她扯过同事转身就离开了茶馆。原来于洋和女孩并没有分手，他一直都在欺骗自己。小婉的心在滴血，可她又能说什么呢？他们毕竟分开那么多年……算了，还是早分手少受伤害为好。可一想到分手，小婉便觉得心里有些疼痛。

当于洋来找小婉，听到小婉提出分手的决定时，整个人都蒙了，他怯怯地问小婉："你不会是在考验我吧？"小婉决绝地摇了摇头说："不，这么多年过去了，我们毕竟都不了解对方，不如我们洒脱地放手，重新开始一段新的生活。"于洋不明白这到底为了什么，便大声说："小婉，我们在一起不是挺好的吗？怎么能说变就变呢？你总得给我个理由吧？"小婉依然倔强地说："就像爱不需要理由，分手同样不需要理由，你走吧！"看到小婉眼里的愤怒，于洋知道说什么也无济于事，便转身离开了小婉的住处，临走前他留下一句话："小婉，无论世界如何变换，我对你的爱，从未改变。"

于洋踏出门的一刹那，小婉忽然就开始有些后悔，觉得他这一走，或许就永远失去了他，想到这里，她的眼泪开始不争气地掉下来。毕竟于洋是那么优秀的男孩，俊朗、洒脱、善解人意，失去他，也许这辈子再也不会遇到这样倾心的人了。

于是，她几步跨出门外，像个傻瓜一样，冲着于洋离去的方向一边流泪，一边大声喊："于洋，不要离开我。"突然，身后传来一个响亮的声音："谁说我要离开你了，我还要和你天长地久地在一起呢！"小婉回头看到靠在门边的于洋，不顾一切地扑进了他的怀抱。小婉在于洋的怀抱里娇嗲地说："还说要和我天长地久，你那天和女孩在茶馆是怎么回事？"于洋恍然大悟地说："啊？原来你是因为这件事啊！"于是，他便一五一十地告诉了她。

原来那天，于洋曾经的女友不知道怎么找到了他，想和他重归于好，于洋便郑重告诉她，自己已经有了女朋友，而且马上就要结婚了。不想，这件事正好被小婉撞到，还引起了一场误会。

好在，有情人终成眷属，没多久，小婉留在北海的申请被批了下来，这对有缘人也终于幸福地牵手，走上了婚姻的红地毯。

裙裾飘舞的夏天

一

第一次遇到夏紫嫣，是在一辆公交车上。

那天，机动车限号，本来楚枫打电话让单位的秘书小陈来接他，可秘书小陈在接他的途中，遭遇堵车，楚枫便出门随手招了一辆出租车，正准备上车时，不知从哪儿冒出个愣头儿青，开门就钻进了车里，嚷着今天有招聘会，自己不能迟到，这时，一辆公交车刚好停在他身边，看看时间不早了，楚枫便果断上了公交车。

正是上班的高峰期，车上已经没有了位置，过道里也已站满了人，楚枫上车后在车厢的过道里找好了自己的位置，等他一手握住吊环，一手扶好上面的铁栏杆，车便开始缓缓启动了。透过车窗望过去，川流不息的车流、人流，在楚枫的眼里倒不失为一道美丽的风景。

当车行至一个交叉路口时，突然从侧面横穿出一辆三轮车，公交车司机赶紧急刹车，不想，站在楚枫前面的一位长发飘飘的女孩却因站立不稳，一个趔趄，眼看着就摔倒了，楚枫急忙上前用一条胳膊拦腰抱住了她。

女孩从惊魂未定里缓过神来，一连串地向楚枫说着“谢谢！谢谢！”等她转过身来与楚枫对视在一起时，楚枫的心莫名地动了一下。面前的这个女孩，白皙的脸上，那么漂亮的一双眼睛里，看上去却盛满了忧伤。楚枫对这个女孩，忽然就生出一种别样的感觉，等他想起索要女孩的名片时，车到站了，女孩冲他微微一笑，转身就下了车，这让楚枫傻傻地发了好一阵的呆。

二

楚枫所在的公司，是一家外资企业，几年的打拼下来，他做到了部门经理的位置。这次的公司招聘，也正是由他全权负责。外资企业，本来就很受年轻女孩的青睐，所以，前来应聘者众多。

在几个回合的面试之后，楚枫有点暗自叹息，居然没有一个应聘者能达到公司的要求。就在他感到十分困惑的时候，夏紫嫣走了进来。看到对方，他们彼此都愣怔了片刻，便很快恢复了自然。

彼时的夏紫嫣，依然是一副忧伤、淡然的样子。静静地站在几个考官面前，一头飘逸的长发妩媚地搭在肩上，清澈明净的美眸中透着纯净的安宁。

报过姓名之后，夏紫嫣开始对答如流，看来是有备而来，接下来的几个环节也轻松通过。几个考官私下议论一番后，但见楚枫掩饰不住会意的笑容。突然，楚枫直截了当地问了一句：“请问，你有男朋友吗？”夏紫嫣反问道：“这和工作有关系吗？”楚枫有点尴尬地笑了笑。

夏紫嫣毫无悬念地进了公司，她的办公室和楚枫只有一墙之隔，进出间，两个人的目光常常会不由自主地交织在一起，紫嫣总是心里一惊，赶紧把目光转移开来。

楚枫是个标准的优质男，他儒雅、帅气、谈吐不凡。夏紫嫣不是不解风情，也不是不懂得楚枫眼神里的深意，可是，自己又怎敢陷入他深潭一般的眼神里？

从夏紫嫣入公司的那天起，楚枫每次外出和客户洽谈，他总会带夏紫嫣在一旁做笔记，完了一起吃饭、派对，一切似乎都是工作所需。就连一次楚枫喝了酒，紫嫣送他到家门口，楚枫再三邀请她进去喝点儿茶，紫嫣也死活不肯进去。夏紫嫣就像裹着一个坚硬的外壳，让楚枫无法深入地去靠近她。

三

日子在波澜不惊中一天天划过，一天夜里，楚枫突然发起了高烧，口干舌燥之时，却又感觉浑身酸痛得起不了床。这时，他第一个想起了紫嫣，便拨通了她的电话，可怜兮兮地说：“紫嫣，我好像病了，你能过来一趟吗？”紫嫣几乎连考虑也没考虑就说：“楚枫，你等着，我马上就到。”紫嫣租住的地方离楚枫并不远，打车也不过二十分钟的时间。

来到楚枫家门前，门虚掩着，紫嫣进到屋里后，径直来到楚枫床前。只见楚枫双眼紧闭，整张脸烧得通红。她连忙接了杯热水，拿出她在路上买的药，一边嘟囔着:“那么大的人了，也不知道爱惜自己，怎么就烧成了这样？”一边将楚枫的头微微抬起，把药放进他口中，再喂给他一口水让他将药片咽下。整个过程，楚枫就像一个听话的孩子一样，任凭紫嫣摆布。

吃完药后，紫嫣用右手又试了试楚枫的头，还是烧得厉害，紫嫣说:“这可不行，我们得去医院。”说着，就要扶楚枫起来，楚枫一把按住了她，用微弱的声音说:“我不去医院，我已经吃了药，一会儿就会好起来的。”

大约十分钟后，楚枫的烧退了一些，紫嫣这才准备将楚枫的头从她的臂弯里放回到枕头上，结果楚枫又向紫嫣的怀中靠了靠，紫嫣只好作罢。

折腾到不知道什么时候，楚枫香甜地睡着了。紫嫣靠在床边不知什么时候也睡着了，等她第二天早晨醒来的时候，却发现自己睡在了楚枫的床上，身上还盖着厚厚的棉被，而楚枫却睡在了沙发上。

紫嫣吓了一跳，看看身上穿的衣服完好，这才放下心来。她急忙起床，到厨房给楚枫做好了早餐，放到了桌子上面，便悄悄地离开了。

四

楚枫在家里休息了半天后，下午就赶到了公司。等再见到紫嫣时，紫嫣的脸先是涨得通红，接着便很快恢复了以前的忧郁和哀伤。一切就像什么也没有发生一样。

楚枫除了和她工作上接触以外，他依然走不进她的世界。

转眼，夏天到了，单位的女同事一个个像蝴蝶一样，穿起了漂亮的花裙子，楚枫发现，唯独紫嫣，每天穿着长长的裤子，把自己包裹得严严实实。

因为从简历上得知，那天，是紫嫣的生日，楚枫在家特意准备了一番，并告诉紫嫣，他有礼物要送给她，让她下班后务必过来一趟。紫嫣考虑再三，还是赴了约，好吧，一切当面说清楚也好。

可是，当她出现在楚枫的家里时，却被楚枫的良苦用心彻底打败了，之前准备好拒绝他的措辞，也全都抛到了脑后。一切似乎都按楚枫的剧情开始发展。

桌子上摆满了诱人的美食：粉色的奶油蛋糕、红色的油焖大虾、青翠的菜蔬、五颜六色的水果沙拉……旁边还摆着红酒和鲜花，屋子里飘荡着低回缠绵的舞曲。

慢慢地，两个人就有些醉了，楚枫乘机挽起紫嫣开始一起翩翩起舞。不知不觉中，两个人靠得越来越近了，空气中开始弥漫着暧昧的味道，然后，不知道谁先吻了谁，两个人便缠绵在一起，幸福、甜蜜到忘我的境地。

喘息的间隙，楚枫附在紫嫣的耳边低语："紫嫣，我要送你件漂亮的裙子，你穿上后一定美若天仙。"说着，他的手就开始在她的身上游移，当他的手停留在她的大腿上，又伸向她的腰际时，紫嫣突然从恍惚中醒悟过来，大声尖叫着：“不！不！”便夺门仓皇逃走了。

五

第二天，楚枫早早地来到了公司，他显然没有休息好，两只眼睛红红的，他只是想尽快告诉紫嫣，自己并不是想冒犯她，他只不过想让她换上裙装。她穿上裙子的样子一定很好看。

可是，他没有等到紫嫣，他等来的，却是快递送过来的一纸辞职信。楚枫开始深切地懊恼起来，都是自己太鲁莽。可他分明又感觉到，紫嫣是爱自己的，可是，为什么她在接纳自己的同时又要拒他于千里之外呢？楚枫百思不得其解。

他开始疯狂地寻找紫嫣，她的住处，宾馆，车站，他甚至登了寻人启事，可紫嫣就像人间蒸发一样，杳无音讯。

一年后的夏天，楚枫正在办公室里看文件，突然接到了紫嫣的电话，他有点不敢相信似的，急忙接通了电话，不想，电话里却传来一个男人焦急的声音：“你好，你是楚枫吗？”他一怔，说：“我是楚枫，你是哪位？”“哦，我是从你女朋友的手机通讯录里查到你的电话的，你快过来吧，你女朋友出车祸晕过去了。”楚枫问清医院的地址后，就匆忙向医院赶去。

来到医院里，紫嫣还没有醒过来，好在她伤在了腿部，医生说没什么大碍，汽车撞上她时及时刹住了车，只是紫嫣受到惊吓后从自行车上摔到了地上，人吓晕了，腿也摔破了。

医生转身准备器具，说：“你来得正好，医护科人手不够，你把她的裤腿剪开吧！”楚枫接过剪刀，心疼地看着紫嫣血迹斑斑的裤腿，小心翼翼地剪起来。当他剪到紫嫣的大腿部位时，所有人都惊呆了，原来在紫嫣白皙的大腿上有一大片骇人的紫红色疤痕，从上到下，触目惊心。那应该是被烫伤的疤痕吧！

楚枫突然明白了紫嫣躲避他的原因。

六

紫嫣醒来时，发现床边坐着楚枫，她以为自己产生了幻觉，有点不相信似的揉了揉眼睛，说：“你怎么会在这里？”楚枫反问道：“你到底要躲我到什么时候？”这时的紫嫣，眼睛里突然盈满了泪水。楚枫抓过她的手说：“你知道我找你找得有多辛苦吗？”紫嫣哭着说：“可是我……”楚枫打断她说：“你怎么那么小看我，你以为我会因为你腿上的疤痕就离开你吗？”

原来，紫嫣六岁那年，父亲生病离开了人世，母亲一个人又要上班又要抚养她，懂事的她为了减轻母亲的负担，趁母亲上班之际，在家帮母亲烧热水，结果提壶的时候，一壶开水浇在了她的腿上，从大腿到小腿肚之间留下了永久的疤痕。

再后来，有人给紫嫣介绍了一个男友，本来两个人相处得很融洽，可是有一次紫嫣在换衣服时，腿上的疤痕不小心被男友看到了，男友不声不响地离开了她。这对她来说，无疑是一个沉重的打击。所以，紫嫣离开了那个让她伤心的地方，来到了楚枫所在的城市，直到遇到了楚枫，爱上了他，却又怕失去他，所以才忍痛离开了公司，离开了他。

听完紫嫣的叙述，楚枫一把抱住了紫嫣，说："你这个傻丫头，以后再也不许你离开我了。只是我对你还有个要求。"紫嫣说："什么要求？"楚枫说："以后我要给你买很多漂亮的裙子，每年夏天你都要穿裙子，我想看你裙裾飘舞在夏天的样子。"紫嫣忧郁的脸上，终于露出了灿烂的笑容，而后郑重地点了点头。

给咖啡加点糖

一

佳琦厌倦了公司高强度的生活节奏，便央求父母帮她开了一家咖啡馆。咖啡馆面积不太大，但被佳琦布置得很浪漫，屋里爬满了紫色的藤蔓，几盆南方植物盆栽放在屋角几个恰到好处的位置，再放上一段舒缓低回的音乐，咖啡馆便立刻营造出甜蜜温馨的氛围。

咖啡馆如愿开了，可佳琦还有一件烦心事，那就是父母在帮佳琦开咖啡馆之际，对佳琦有一个附加条件，就是希望佳琦能尽快找个男朋友，以后彼此也好有个照应，这样父母不在女儿身边才会觉得放心。佳琦嘴里嘀咕着："我的亲爹亲妈呀，这咖啡馆说开便开了，可男朋友说找天上就能掉下来一个吗？"

林然就是这个时候闯进来的，一进门，便花痴似的盯着佳琦看，佳琦以为脸上有什么东西，便不自觉地用手摸了一下自己的脸，林然便笑着说："对不起，你长得太像一个人了。"就是说嘛，时间无涯的荒野里，没有早一步，也没有晚一步，刚巧赶上了，那也是没有办法的事情，佳琦几乎是在第一时间爱上了林然。或许这就是缘分，可这也不能怪佳琦太轻率吧，谁让林然风度翩翩、玉树临风，还自己找上门来。

佳琦招呼林然坐在了一个靠窗的位置，透过清晰透明的落地窗，可以看到街道上匆匆过往的行人，却不被嘈杂的喧嚣声所困扰。林然对这个咖啡馆感到很满意，便示意佳琦道："来杯摩卡，不放糖。"佳琦随即应道："好的，马上送过来。"

等佳琦上完咖啡，便忙着去招呼新来的客人了。

二

林然第二次来咖啡馆时，依然选择了人少的时间段，除了在一个角落里坐着一对年轻的男女，便再无他人。和佳琦打过招呼后，林然直接坐在靠窗的位置，点了摩卡，不放糖。

其实店里有两个服务员，但佳琦为了给自己制造机会，便告诉服务员可以下班回家了。两个服务员高高兴兴地走了，佳琦这才亲自端着咖啡送了过来。

佳琦将咖啡轻轻放在了桌子上，看似漫不经心地问："请问，上次你说的和我相像的人是谁啊？"林然"哦"了一声，然后回答说："是我女朋友。"一句话，却让佳琦的心里咯噔一下，她语无伦次地问林然："怎么，你有女朋友了吗？"林然说："当然，我们是在大学里认识的。想听听我们的故事吗？"佳琦几乎下意识地点了点头，林然便示意佳琦坐下来，然后饶有兴致地讲了起来。

林然的女朋友叫采萱，是个非常漂亮的女孩子，那时候，学校里很多男孩子都倾慕于她，当然林然也是其中之一。可采萱太高傲了，她根本不把那些人放在眼里。为了追她，同学们真是煞费苦心，可是采萱依然不为所动。

那一天，蓝蓝的天空，像被过滤了似的，瑰丽得熠熠发光。采萱一个人兴高采烈地去逛街，她东瞧瞧西看看，一副很悠闲的样子。走着走着，突然被几个流里流气的年轻人挡住了去路，其中一个瘦高个儿嬉皮笑脸地走到采萱的面前说："小妞挺漂亮的，要不要跟哥一起玩玩。"说着就去摸采萱的脸蛋，采萱吓得急忙往后退了一步，说："你们想干什么？滚开。"瘦高个儿一听，不但不生气，反而高兴地说："小妞好有个性，哥喜欢。"说着又开始对采萱动手动脚起来，采萱边退边大叫着救命。正在这时，只听一声大喊："住手，你们这几个臭小子光天化日之下竟敢如此放肆！"这几个小子回头一看，来者不过一个人，便气焰嚣张起来，说："别多管闲事，否则对你不客气。"来者说："今天的事我管定了。"看到他一意孤行，几个臭小子便挥舞起拳头和他打成了一团。没想到来者不善，没几个回合，那几个臭小子便被打得落花流水似的跑了。一旁的采萱从惊恐中反应过来，赶紧来到救她的恩人面前准备道谢，这一看却让她吃了一惊，原来救她的居然是隔壁班的林然。

看到林然的嘴角淌着血，采萱急忙从口袋里掏出手帕为林然小心地擦拭起来，一边擦一边问林然："疼不疼？"林然笑着说："这点儿伤算得了什么？倒是你，没受什么伤吧？”采萱说：“真是多亏了你，要不真不知道后果如何呢。”

自然，故事的结局就是，他们成了校园里被人羡慕的一对情侣。

林然的故事讲完了，佳琦却仍然沉醉其中，然后嘟着嘴对林然说：“好一场令人羡慕的英雄救美啊！”林然抬头看了下挂在墙上的钟表，说：“好了好了，今天就讲到这里，改天来了再给你接着讲。”佳琦瞪大眼睛说：“啊？还有故事啊？”林然不回，却笑着离开了咖啡馆。

三

这天，佳琦在打发走最后一对客人后，林然又来了。佳琦便坐到了林然的对面，傻傻地看着林然，林然笑着说：“你傻看着我干吗？”佳琦说：“听你讲故事啊！”林然做了个怪表情，说：“好吧，就讲给你听。”

林然和采萱相爱后，常常形影不离。有一次，他们一起去逛街，采萱说口渴了，林然便去冷饮店给采萱买冷饮，从冷饮店出来，没想到正好碰到了当时非礼采萱的瘦高个儿，一看到林然，瘦高个儿就大声喊道：“林哥，没跟你的梦中情人一起出来吗？”林然急忙示意瘦高个儿赶紧离开，可还是被等在外面的采萱发现了，采萱一个箭步跑了过来，指着林然大声说：“还以为你舍己救人，没想到，原来这一切都是你的圈套。”说完，采萱就哭着跑走了。

瘦高个儿一看露馅儿了，急忙对林然说：“林哥，对不起，都怪我，我不知道这小妞也在。”林然急忙说：“这怎么能怪你，本来从一开始就是我欺骗采萱，露馅儿是迟早的事情。”

一连几天，采萱都不理睬林然，林然自然也不好意思再和采萱搭讪。林然想，自己和采萱估计彻底完了。可是，谁能想到，在他们冷战了十天左右，剧情居然反转了，林然收到了采萱的一条短信，让他在校园操场等她。

等到一见面，还没等林然说对不起，采萱便笑着说：“傻瓜，不要说对不起，就算你不设那场局，我喜欢的人也依然是你。”这简直让林然出乎意料。所以，对于这场来之不易的爱情，林然是异常珍惜，百般呵护，其中的甜蜜也可想而知。

然而，没有人能了解林然最近内心的困惑，自从采萱大学毕业去了美国，说好的三年期限，可是三年不到他们之间似乎有了距离，从一开始的频繁电话，到后来的稀疏问候，再到后来，林然每次给采萱打电话，要么采萱接了说忙就匆匆挂断，要么就干脆不接，林然写短信，采萱也十有八九不回。

那天，林然无意中闯入了这家咖啡馆，却意外发现佳琦和采萱如此相像，或许是为了怀念那些逝去的东西，他才鬼使神差地一次次来到这里。

四

咖啡馆开业这么长时间，因为有了林然的光顾，佳琦觉得日子过得那么明媚、惬意。

虽然，佳琦明知道林然有女朋友，可是，她还是那么喜欢林然，不是自己故意想插足他们，实在是那么潇洒帅气的男人，想不爱都难。

可是，接下来一连好多天，也不见林然的踪迹，佳琦不免有些焦虑，打电话给他，林然也不接。下午的时候，趁人少的间隙，正准备去找林然，手机响了，一看是林然的电话，佳琦急忙接通："喂，林然，这几天你干什么去了？"还没等佳琦说完，一个陌生人的声音便传了过来："请问，你是林然的朋友吗？林然出车祸了，请你马上过来。地址在……"放下电话，佳琦急忙就赶了过去。

谢天谢地，好在林然除了腿骨折，并没有什么大碍，只是佳琦发现，林然的情绪有点不对。佳琦小心翼翼地问他怎么了，结果林然勃然大怒："不用你管！"

林然的腿打上了石膏，在医院里待了七天后，医院通知他可以出院了。这期间，林然像个木偶一样，话也不多说，也不笑，所有的一切都是佳琦帮他打理。

出院后，为了照顾林然，佳琦干脆搬到了林然家里去住，每天细心地照料他。等林然的腿稍微好些，佳琦开始家里店里来回跑。有时候，就从店里带回些咖啡给林然喝。有一次，佳琦往咖啡里加了些糖，林然刚喝了一口就摔了杯子，并大声指责佳琦：“谁让你擅自加糖的，你不知道我不喝加糖的咖啡吗？”佳琦委屈得开始掉眼泪，说：“我还不是想让你换一种口味，换一种心情吗？”林然大喊道：“我不需要！”

有一天，佳琦趁给林然手机充电的机会，查看了林然的手机短信，其中有一条短信是采萱发来的，很简短，但对于林然来说，无疑字字如刀。短信是这样写的：“林然，对不起，到美国后举步维艰，是他给予了我无微不至的关怀和帮助，所以考虑再三，我决定放弃你。”短信正是林然出车祸前发来的。

难怪林然出了车祸，难怪林然情绪不安。找到了症结所在，佳琦决定帮助林然走出阴郁。

五

那天，佳琦到图书馆精心挑选了五六本励志书籍回来，她告诉林然，在他休养的这段时间一定要把这几本书读完。于是，佳琦上班的时候，林然就在家里认真读书，在读完两本书以后，林然的情绪已经开朗多了。

但真正让林然走出阴霾的，却是史铁生的《我与地坛》，一个身体被命运之手永远摁在了轮椅上的人，在精神上却活成了一个令人瞩目的高度，而自己不过因为点儿儿女情长，就差点丢了性命，想想都觉得丢人。

慢慢地，林然又变回了原来的样子，他又可以开心地说笑了，偶尔还会讲个小段子，逗得佳琦咯咯笑个不停。

天气晴朗的时候，佳琦便推着林然出去晒太阳。有一次，外面突然下起了大雨，佳琦急忙推着林然往回跑，但两个人还是淋成了落汤鸡。回到家后，佳琦低下头往床边搀扶林然时，林然不经意间用手将佳琦脸上的湿头发往后理了理，然后说："快去换件衣服，别感冒了。"那种怜爱的感觉让佳琦感动得有点想哭。

六

在林然腿伤快满 100 天的时候，有一天，手机突然响个不停，林然让佳琦把手机拿过来看是谁的电话，结果一看，居然是美国来电，林然没有接，直接就挂断了。不一会儿，手机里传来一条短信，林然打开来看，短信大致内容是，采萱接受了美国男友的追求，却无意间发现，原来这个美国男友结过婚，到现在还没有离婚。于是，采萱决定将于近日从美国回来，希望林然到时能去机场接她。

林然神情黯然地把手机扔到了一边。过了大约十分钟，又一条短信发了过来，林然拿过手机看过后，手抖动了几下，手机就从他的手指缝里滑落了下去，然后开始泪流满面。

一旁的佳琦默默地注视着林然的一举一动，默默地捡起手机，默默地查看着短信内容，只见上面写着：以前对林然所做的一切，都是骗林然的，因为她在美国生了病，病得很重，希望林然能去机场接她。

佳琦读完短信，默默地将手机放回到林然的手里，默默地转身回到自己的卧室里去收拾东西，然后默默地离开了。林然没有挽留她。

接机那一天，林然准时来到了机场。看着一拨一拨的人从里面出来，然后就看到了采萱。采萱神采奕奕地走了过来，看到林然，一把便挽住了他的胳膊。林然挣脱开，问她："你不是病了吗？"采萱笑着说："我不说病了，你还肯来机场接我吗？"林然什么也没说，挥手招来一辆出租车，把采萱和行李一股脑塞进车里，然后，林然一关车门就开始招呼司机走人，等采萱反应过来，车已经开出去很远了。

林然返身上了自己的车，一路上风驰电掣般来到了佳琦的咖啡馆，一进门，就招呼佳琦："来杯摩卡，别忘了加点儿糖。"佳琦兴高采烈地回道："好的，马上送过来。"

与爱情有染

一

薇薇在电话里对素素说:“亲爱的，我现在十万火急，你去机场帮我接一下表哥，电话号码一会儿发给你。”还没等素素反驳，对方电话就挂断了，随之“叮咚”一声，一个短信就发了过来。素素无奈地摇摇头，只好起身去往机场。

薇薇和素素是从小一起长大的闺蜜。那个鬼丫头最近正在谈恋爱，她嘴里所谓的十万火急，无非是男友的一个电话而已。哪怕她们俩正在餐馆吃饭，只要男友一声召唤，薇薇就会放下素素立即走人，她就是那种重色轻友的闺蜜。薇薇总说男友太黏人，其实在素素看来，黏人的是薇薇。有时候，素素倒是挺羡慕薇薇，有一个值得自己倾情以待的人，何尝不是一种幸福?

素素也有一个比较黏人的男友叫昊然，他工作好、长相好、家境好，最主要的是他对她无微不至，百般呵护。他们交往一年多了，双方家长已多次催促结婚事宜，可是，素素总觉得他们之间缺少点儿什么，缺少什么呢?素素也说不清，或许就是人们口中的荷尔蒙吧!

素素和薇薇从小就生活在这个滨海城市，这几年，每到夏季来临，越来越多的作家、画家一类的艺术家前来滨海采风，抑或搞创作。薇薇的这位远房表哥就是一位小有名气的画家，这些消息，前些日子，薇薇早跟倒豆子似的一一告诉了素素，表哥是应了几个画家的邀请，前来这里相互切磋画艺的，本来他们说好了为表哥接机，并安排了宾馆住宿，只因为表哥从家乡给薇薇的父母带来了些礼物，所以才让薇薇前来接机。

二

还好，没有堵车，素素一路顺畅来到了飞机场。素素给薇薇的表哥打了电话，手机关机，可能飞机有点晚点，素素便在机场的出口处找了个位置坐了下来。等待间歇，素素突然胡乱猜测起了薇薇表哥的模样来，他会不会是那种看上去个子矮矮的、瘦瘦的，后脑勺扎一条小尾巴，不英俊，却有着洒脱不羁模样的人呢？想到这里，素素不由自主地笑了。

“各位旅客，飞机马上就要到站了，请各位旅客做好准备。”广播里响起播音员好听的声音，素素急忙起身向着出口张望起来。

素素突然顽劣起来，审视着每一个出来的旅客，想看看薇薇的表哥到底是不是和她想象的如出一辙，结果出来一拨又一拨的人，却根本没有她臆想的模样，这才拿起手机打电话。电话接通了，没想到，手机铃声就在她对面响了起来，素素循声看过去，一个皮肤白皙的男子，穿着一袭略微紧身的黑衣，高高的个头，漂亮的眼睛，高挺的鼻梁，留着三七分帅气的发型，嘴角还扬着一丝不羁的微笑，整个人显得英俊而成熟。看着此人，素素居然惊愕得说不出一句话来。

还是对方先开了口："你是薇薇朋友？"素素急忙解释道："薇薇有事，我是薇薇的朋友，我叫素素。""哦，我第一次到这里来，我叫陈慕白，你叫我慕白好了，以后还请多多关照。"看到慕白身后背着个大画夹，素素伸手去拉慕白手里的行李箱，慕白急忙用那只白皙的手挡住了她，说："谢谢！还是我来。"

三

从机场出来，天色已经暗淡了下来。一路上，华灯初上，流光溢彩，使得这座海滨城市充满了一股神秘的色彩。素素一边开车一边问慕白："是不是先到薇薇家，然后再送你到住处？"慕白说："对，就是这样的。"然后，他们开始沉默起来，好像谁一说话，就打破了窗外的美景似的。

来到薇薇家里，寒暄期间，慕白接了一通电话，回答说已经到家，一会儿就回住处。

素素把慕白送到了先前所说的宾馆门前，素素下车打开了后车盖。慕白去提行李时，顺手将画夹交到了素素手里，素素不好推辞，便跟着慕白一起走进宾馆。

房间里，服务员已经提前送来了热水。待他们放下行李后，慕白倒了两杯热水，一杯递给素素，一杯留给自己。慕白坐在了沙发上，并示意素素坐下来，素素本来想告辞离开的，却不知道怎么鬼使神差地坐在了慕白对面的席梦思床边。

依然沉默着，空气里似乎氤氲着一股暧昧的味道。两个人正不知说什么，突然，传来一阵敲门声，他们以为是宾馆服务生，慕白急忙去开门，没承想，原来是他的几个画家朋友。待他们进来看到素素，都有点不好意思，几个人急忙说："对不起，打扰了，知道你女朋友在，我们就不过来了。"话一说完，素素的脸"唰"地就红了，她等着慕白向他们解释，可是慕白好像并不想辩驳什么，说："没关系的。"几个人说着话开始往外走，一个年轻点儿的画家说："我们在酒店等你，一会儿带你女朋友一起来。"

待他们几个走后，素素红着脸，也急忙起身告辞，走到门口时，慕白说："我可以给你打电话吗？"素素略微迟疑了一下，说："当然可以"

四

一连三天，素素满脑子都是慕白，这是一个话不多，却魅力十足的男人，素素分明能感觉到慕白身上那股诱人的味道。

就是这三天，素素从来没有这样煎熬过，她一遍一遍看着手机，每一次来电都让她心惊肉跳，她觉得自己有点快疯掉了。一直到吃过晚饭后，电话再次响起，她急忙抓起手机来看，看到那个熟悉的号码时，她居然有点想哭的感觉。

慕白在电话里说，他喝醉了，有点不舒服，问她能不能过来。素素几乎用最快的速度赶到了宾馆。

门没有锁，素素推门进去。慕白躺在洁白的床单上，脸色有些苍白，素素急忙给他倒了杯白开水，因为来时的路上给他买了解酒药，于是，素素把他扶起来，让他靠在自己的肩上，一点儿一点儿喂他吃药。慕白很听话，也很配合，这种感觉让素素很享受。

慕白是真的喝多了，他有点意识不清，明明素素就在他眼前，但他的嘴里还是一遍遍喊着素素。后来，可能是药物起了作用，慕白逐渐安静下来。素素为他脱下外套，想让他好好休息一下。准备离开时，慕白却一把拉住了她的手，嘴里还不停地嘟哝着："素素，别离开我，素素，别离开我。"

素素被他温软的话语融化了，有那么一刻，素素很想拥抱他。面前的这个男人，此刻就像一个需要被保护的大男孩一样，那么惹人爱怜，那么惹人疼。素素到底没有那么做，只是在一旁轻声地责怪他："怎么就喝了那么多的酒？" 慕白没有反应，只是把素素的手握得更紧了。

直到素素的手机响起，她把自己的手努力从慕白的手里抽出来，然后来到卫生间接了电话。电话是昊然打来的，昊然说后天单位组织旅游，让素素陪他一起去，务必提前请好假。素素不知道自己是答应了还是没有答应，就匆匆挂掉了电话。从卫生间出来，看到慕白已经睡熟时，素素才悄悄离开了宾馆。

五

昨天昊然打电话时，说上午九点钟来家里接她，他们是十点钟的飞机。

素素的确请了假，但素素并不是想跟昊然去旅游，而是想跟昊然说点儿什么。

八点半的时候，慕白突然打来了电话，慕白问她能不能请假，想让她陪他去海边写生。素素几乎想都没想就告诉慕白，她今天正好休息，可以一起去。之后她关掉了手机，昊然便被她彻底抛到了脑后。

素素开车接上了慕白，然后两个人便风驰电掣般地向海边奔去。一路上，一排排美丽的树木随着车子闪电般地往后退去，难怪有人说，最美的风景，一直在路上。但他们今天都无心沉醉于窗外的美景，而是醉心于有彼此的相伴。

素素今天穿了一件碎花的连衣裙，飘逸的长发柔顺地垂在肩上，整个人在一片蔚蓝色的海水陪衬下，就像一幅画一样，美得令人心动。慕白说："素素，别动。"说着，取来了画夹，专心致志地画了起来。有几次，慕白和素素的目光碰撞在一起，便谁也舍不得移开，就那样彼此深情地纠缠着，凝望着……

一直到傍晚的时候，他们才一起回到了宾馆，慕白说："我去洗手间洗把脸，你随意。"素素便随意走动起来，她再次打开了画夹。这是一张用素描的手法所描绘的画像。画作中，背景是波涛涌动的海水，沙滩边，线条分明地勾勒出一个有棱有角的美丽女人，这个女人既像自己，又有几分不像，画面看上去很抽象，却又很高雅。素素最喜欢的还是旁边的一行隽秀的字体：有位佳人，在水一方。多么富有诗意。

突然，素素看到在宾馆的桌面上也有一张女人的素描画像。画面中的女人，有着精致的面容，勾人心魄的身材，那么娇艳、妩媚，在画像的旁边也有一行隽秀的字体：永远的挚爱。素素不由得颤抖了一下，谁的挚爱？慕白的挚爱？那自己呢？只是在水一方？慕白本来就这么优秀，身边又怎么会缺少女人呢？想到这，素素的心瞬间跌入了万丈深渊。

六

其实，本来就是两个素不相识的人，只是偶然间投影到彼此的波心，谁又了解谁多少呢？素素的自尊心似乎受到了极大的冲击，没有和慕白打招呼便冲出了宾馆。

素素打开手机，先给昊然打了电话，说自己即刻就去找他。然后素素又给薇薇打了电话，告诉她要去找昊然，薇薇在电话里说："这样做就对了，其实找一个爱自己的人远比找一个自己爱的人要幸福得多，书上都是这么说的。"挂了电话，素素又关了手机。

夏天快过完的时候，薇薇的生日也快到了。这一天，素素毫无例外地参加了薇薇的生日 party，薇薇的男友为她制造了很多浪漫，薇薇幸福得简直一塌糊涂。最后一个浪漫环节，男友让薇薇闭上眼睛，拉灭了灯光，突然，在几个五彩缤纷的彩灯闪烁下，一面墙上出现了一幅线条分明的画像，素素在看到这幅画像时，有点恍惚，这不是在慕白房间里看到的那幅画像吗？

趁大家吃饭的时候，素素把薇薇和她的男友叫到了一边，问起画像的事情，薇薇的男友洋洋自得地说："为了给薇薇一个惊喜，我是瞒着薇薇去求慕白给画的，还不错吧！"难怪当时素素看着画上的女人有点面熟，只是当时自己气昏了头，才没有想到会是薇薇。

突然，一旁的薇薇一惊一乍地说："对了，我想起来一件事，那时，你去找昊然，慕白打电话找过你，我告诉他，你和男朋友去旅游了，可能不久就要结婚了。然后慕白什么也没说，就把电话挂掉了。再后来，慕白离开了这个城市。"

素素再也控制不住自己的情绪，一行清泪潸然而下，吓得一旁的薇薇不停地问："素素，你怎么了？"素素擦了把眼泪，笑着说："没什么，我可能是想昊然了，我现在就去找昊然。"不明所以的薇薇却不依不饶地说："还说我黏男友，现在的你恐怕有过之而无不及吧！"

素素一时语塞。彼时，素素和昊然已经结婚一个多月了。

想来，慕白于素素而言，确实与爱情有染，但错过的爱情，便不再是爱情，在岁月的长河里，它最多不过是人生中的一段小小插曲而已。

牵手，便许你一世安稳

一

六月的天空，明净湛蓝，云霞绚烂。六月，大学里流动着紫苏一样欢乐的气氛，因为又到了一年毕业季，莘莘学子即将离开校园奔向工作岗位，所以，每个人都开始忙着赠送签名，拍照留念，甚至依依惜别。

就在每个人都忙得不亦乐乎的时候，唯有林小冉显得有些另类，一个人缩在宿舍里独自发呆。

其实，四年的大学生活，对于林小冉来说，本来了无遗憾，没有挫折，亦没有牵挂，一切就像一汪平静的湖水，荡不起一点儿涟漪。

可是，此刻林小冉的内心再也不能平静下来。因为就在前几日，林小冉和室友王美琳一起到操场散步，美琳说，她要去下卫生间，让小冉在外面等她一下。就是这一等，于梦凡不知道从哪儿突然冒了出来，走近林小冉说："小冉，毕业后你准备到哪个城市去发展？"林小冉有点受宠若惊地回答说："我和美琳决定暂时留在北京，因为之前已经跟北京金鑫外资企业签了约。""好的，我知道了，那后会有期吧！"说完，于梦凡便风度翩翩地离她而去了，留下林小冉在那足足发了一阵呆。

林小冉嘴里反复咀嚼着于梦凡的话，“后会有期”？这是什么意思呢？林小冉开始有点想入非非。莫非？

可转瞬，林小冉又懊恼起自己来，于梦凡怎么会看上自己这么一个普通的女孩呢？

二

林小冉出生在北方一个典型的普通市民家庭，那年，本来衣食无忧的一家人，生活因为父母双双下岗而变得拮据起来。小冉的父母为了供她上学只好到处打工，父母的辛劳让小冉看在了眼里，她便越发努力学习，直到考取了北京一家知名院校，并顺利毕业。

于梦凡则从入校的那天起，便不知道成为系里多少女孩心目中的男神。他不仅人长得帅，而且多金，听说他的老家在上海，父母都是成功的商人，他本人也是品学兼优。

在那么多喜欢于梦凡的女孩当中，其中就有林小冉的室友王美琳。

王美琳是个非常漂亮的女孩，家庭条件也很优越，在大一的后半学期，王美琳曾鼓足勇气向于梦凡表白，然而，于梦凡回复她的只有一句话:“大学不谈恋爱。”便婉转地拒绝了她。

林小冉其实和美琳一样，也喜欢于梦凡。只是她扪心自问，除了自己长相还算标致以外，她根本不是美琳的对手。既然得不到的东西，倒不如干脆放下。

所以，每次于梦凡从她的身边经过时，她都是一副漫不经心的样子，甚至看都不看他一眼。

三

那天，当林小冉和王美琳兴冲冲地到那家外资企业报到时，迎面却碰到了于梦凡，于梦凡神色愉快地跟她们打着招呼："嘿，我们又见面了。"

于梦凡的到来无疑让王美琳喜不自禁，她开心地对林小冉说："看吧，原来于梦凡是爱我的，不然怎么会一路跟随我来这家公司上班呢！"

有一天，小冉和美琳下班后，正往回走，迎面又碰到了于梦凡，梦凡说："不如今晚我们找个地方一起去庆祝我们参加工作如何？"美琳急忙接过话茬说："好啊！好啊！"

美琳和小冉回到宿舍后，美琳便开始翻箱倒柜，她试了一件又一件的衣服，还不停地问小冉："小冉，你觉得我穿哪件衣服漂亮？"小冉说："你穿哪件都漂亮。"美琳说："还是小冉懂得欣赏我，只是我想把自己打扮得更漂亮点儿，说不定今晚梦凡会向我告白呢！"

四

北京的夜晚非常迷人，到处闪烁着五彩缤纷的霓虹。当她们二人穿过灯火辉煌的大街，来到约会的地点时，梦凡已经先她们一步到了酒店。

迷离的彩灯，舒缓的音乐，的确最适合浪漫的告白。王美琳的脸上开始泛着一圈圈的红晕，这时，只见梦凡手里捧着一束玫瑰向她们二人走来，就在美琳正准备伸手去接那束玫瑰时，只见梦凡身子一转，转向了小冉，并深情地说：“小冉，我一直都非常喜欢你，你愿意做我的女朋友吗？”梦凡的告白，让她们二人同时愣怔了片刻，待缓过神来，王美琳含着眼泪转身便跑出了酒店，任凭小冉在后面呼喊，她也没有回头。

林小冉转身问于梦凡：“为什么你喜欢的人是我而不是王美琳？”梦凡反问道：“喜欢谁就是喜欢谁，这需要理由吗？”小冉语塞。想想，或许正是因为她对他的那种淡漠和疏离吸引了他吧！

其实，林小冉对于梦凡的爱并不比王美琳少。所以接下来，他们两个便迅速坠入了爱河。

林小冉和于梦凡在公司附近租了一个小单元，休闲的时候，梦凡时常会牵着小冉的手，满世界地乱跑，他们快乐得就像两个精灵似的。

可幸福的日子，总会出点儿岔子。不知道怎么搞的，最近，林小冉的胃总是感到莫名的疼痛，开始她以为自己不小心吃坏了胃，可一段时间下来，她的胃还是疼痛不已。

梦凡便不顾她再三推托，拉上她一起来到了医院，小冉这才勉强拍了片子做了检查。

那天，他们二人正准备到医院取检查结果时，公司突然打来电话，让梦凡马上到公司里去处理事情。小冉说：“你去吧，不过就是一张检查单，我自己去就可以了。”

五

当医生叫到林小冉的名字时，林小冉急忙进到医务室，医生看了她好久才说：“你一个人来的吗？”小冉觉得医生的话怪怪的，便回答说：“我一个人来的，有什么事你就直说吧，我能挺得住。”医生这才郑重告诉她：“看片子，有可能得了胃癌，还需要做进一步的检查，这样吧，明天你带家属一起过来吧。”

尽管林小冉说她能挺得住，可这样的结果，让林小冉还是像被雷劈了似的。从医院回去以后她就一头倒在了床上。她的世界坍塌了。

于梦凡回来的时候，看到桌子上的检查结果，也大吃一惊，随后他马上故作镇定地说：“小冉，别害怕，一切有我呢，我来想办法，你等着，我会回来的。”说完便推门出去了。

林小冉在单位请了假，一连在家里躺了两天，却不见了于梦凡的影子，给他打电话，手机关机，他能去哪里呢？

等到第五天的时候，林小冉便给梦凡所在的部门打了电话，部门领导说，他也请了假。

林小冉只觉得一种莫名的凄凉开始向她袭来，可想想，她又能埋怨谁呢？每个人都有选择自己幸福的权利，怪只怪自己生了病。

林小冉生病的事不敢给父母说，因为他们为自己已经付出了很多心血，她怎么能再让父母为自己操心呢？

于是，擦干眼泪，林小冉给王美琳打了电话。

六

美琳以最快的速度赶了过来，一进门她就骂于梦凡是个没良心的，说什么大难临头各自飞，小冉急忙制止了美琳，说："别怪梦凡，这是我自己的宿命。"美琳嘟囔着："你呀，到现在还护着他。"

美琳陪小冉一起来到了医院，找到了上次的主治医生，一见到她们来，医生便忙不迭地招呼她们："终于等到你们来了，是这样的，我上次叫名字时，你走了进来，我当时忽略了你的年龄，把检查结果直接就给了你，后来再叫名字时，发现又一个叫林小冉的，只是这个林小冉进来后，我才发现，原来把你们两个的年龄搞混了，一个23岁，一个32岁，好在病人得到了及时治疗，没有造成什么后果。"小冉在一旁静静地听着，就像做梦一样，说："医生，你的意思是，我没有得癌症，是吗？""对，你只是简单的胃炎。"说着，他把检查结果重新递给了小冉，拿到检查单的那一瞬间，小冉哭得稀里哗啦。

从医务室出来，林小冉感慨万千，因为这场病，让她感到人生太无常，也让她看清楚了很多事情……

就在她苦思冥想之际，于梦凡突然来了电话，梦凡说，他回了一趟上海，现在已经坐上了飞往北京的班机，让她在家安心等着他，他回来后会告诉她一切。

七

原来，那天梦凡给上海的父母打电话，请他们给他的卡里打 20 万元，父母便问他要这钱做何用，他如实向父母禀报了小冉得病的消息，梦凡的父母说，你要寄钱给她可以，前提是你必须立刻回到上海来。

梦凡便立刻飞回了上海，回家后，父母却告知他，这个钱他们可以出，但不允许梦凡再和小冉谈恋爱，梦凡哪里肯依父母，说绝不会和小冉分手。

一番僵持之后，他的父母趁他熟睡之机，没收了他的手机，并将他锁在了屋子里。梦凡只好以绝食来对抗父母。最后，没办法，他的父母只能妥协，不但给他卡里打了 20 万元，还将他放回了北京。

梦凡说完后，急忙将一张银行卡递给了林小冉，说："小冉，别怕，我说过，一切有我呢！这 20 万元，一定会治好你的病。"

小冉哭着搂着梦凡的脖子说："梦凡，谢谢你，谢谢你没有放弃我。"梦凡说："傻丫头，说什么谢谢，既然牵手，就一定要给你一世的安稳，不是吗？"

然后，小冉告诉了梦凡，自己并没有患病，只是阴差阳错地拿错了检查单而已。梦凡听后，竟然激动得一把将小冉抱了起来，在原地转起了圈圈。

是的，这样的爱情真好，好在，在这场考验中，他们都守住了爱情。

第二辑

余生好长，你好难忘

一次相遇，一份情深；一次相逢，一生倾心。若两心相近，两情相依，纵山长水阔，红尘千里，亦可以温暖彼此的心灵。

有生之年，狭路相逢

多年前，他跟随父亲到千里之外的一个古镇出差，白天的时候，他的父亲去办事，他一个人便独自在幽深的巷子里游走。婉约的古镇，犹如一位温柔典雅的江南女子，深深吸引着他的眼眸。

依然记得那个夏日的午后，一阵微风拂走了夏日的炎热，空气里流淌着一股清凉的气息，蔚蓝色的天空开始变得有些梦幻。透过曚昽的日光，在一个小巷里，一个扎蝴蝶结的姑娘，坐在小巷的一个小板凳上，正在用心地读书。看到有人走过来，姑娘这才歪着脑袋，好奇而羞涩地打量着面前这个人——原来是一个白净而秀气的翩翩少年。

少年面带懵懂，微笑着对她说："嗨！小姑娘，你好。"姑娘"扑哧"就笑出了声，回他道："你以为你是大叔吗？"少年用手摸了一下自己的脑袋，嘿嘿地笑了起来。随后，姑娘问少年："你找谁？"少年说："我谁也不找，随便走走。"姑娘指了指身后的一个大门说："这里是我家，此路不通。"少年尴尬地笑了一声，转身就准备往回走。走出去几步远后，少年不由自主地回头看了下姑娘，而此时的姑娘也正目不转睛地盯着他。

在青春的岁月里，一个很随意的午后，因两个人的对视，便使少年和姑娘似乎做了一场最朦胧的梦。那一年，他 15 岁，她也 15 岁，他和她，原本没有什么交集，只不过一次相逢，以后恐怕也不可能再有什么交集。

几年后，他考取了一所大学，她也考取了那所大学。那天，是新生报到的日子，他拖着行李箱在校园里走着，突然看到前方有个身材窈窕的女孩子，也拖着大行李箱在前面走着，背后还背着一个大包。他急忙上前去帮女孩子拉手提箱，就在他们相互对视的一刹那，他们几乎同时认出了对方，并大声呼喊着:“原来是你！”至于后面的故事，他们自然成了一对只羡鸳鸯不羡仙的情侣。

他和她的相逢也极具浪漫性。他们同在一座城市，一个在西，一个在东，每天上班下班，从不交集。可是，那天，单位临时加班，结果他加到了第二天早晨。于是，早晨回家时，他和她便坐上了同一辆公交车。

可是上车后他才发现，自己居然忘记了带钱包。正尴尬时，一个漂亮的女子主动为他垫付了车费，他很感动，便向女子索要电话号码，说日后好还她钱。女子说，真的不必了，不过两元而已。可是，他非要不可，最后，女子拗不过他，便将号码留给了他。

其实，还钱事小，他心里有了小心思是真，这样一个漂亮的女子，心地又那么善良，何不乘胜追击？女子亦是如此，觉得男子既温和又成熟，还非常可爱，所以她对他也极具好感，不然她是绝不会把电话号码随意留给一个男子的。

第一次，男子借还钱的理由请女子吃了饭，第二次，女子借还男子人情的理由请男子吃了饭。一来二去，如此这般下来，两个人很快由熟络到相爱再到结婚，一切仿佛都在情理之中。

结婚那天，婚礼现场，在大屏幕的照片回放中，男子专门放了一些旧时的照片给大家看。其中有一张是男子小时候拍的，照片的后面却有一位乱入的“红衣女孩”。这时，女子在看到这张照片时，感到很惊讶，总觉得这张照片里的红衣女孩特别熟悉，仔细观察之下才发现，原来这个红衣女孩不是别人，正是自己。原来，冥冥之中，他们早已相逢，他们的爱情也早已经天注定。

记不清在哪里看到过这样一段话：“人的一生会遭遇无数次相逢，有些人，是你看过便忘了的风景。有些人，则在你的心里生根抽芽。那些无法诠释的感觉，都是没来由的缘分，缘深缘浅，早有分晓。之后任你我如何修行，也无法更改初时的模样。”就如他们的爱情，从来就是一场千回百转的相逢。

一场爱情风波

这几天，公司上下传得沸沸扬扬：蓝小兰傍上了公司董事长。有人曾亲眼看见蓝小兰居然在董事长的办公室里，搂着董事长的脖子撒娇呢！

蓝小兰是刚留洋回来的高才生，长得很像范冰冰，肌肤如玉，美目流盼，一颦一笑间流露出一种说不出的韵致。上班不到两个月，就在董事长身边做了文秘。

可是，令所有人大跌眼镜的是，被公司里那么多年轻人虎视眈眈的蓝小兰，竟然喜欢上了计划营销部的李明轩。

那年，李明轩的父母出了车祸，父亲当场死亡，母亲落下了残疾。虽然李明轩长得仪表堂堂，但一连谈了几个对象，对方一听说他的家境，全都吓跑了……

可蓝小兰却对众多条件优厚的追求者视而不见，反而对家境贫寒的李明轩伸出了爱的橄榄枝。对这突如其来的桃花运，李明轩感觉就像中了 500 万。所以，和蓝小兰约会时，他不止一次在心里问自己：“她到底喜欢我什么呢？”一次，李明轩终于说出了那句压在心底的话：“蓝小兰，你不会是为了报恩才喜欢我吧？”蓝小兰当时就变了脸，生气地说：“报恩的方式有很多种，我没必要把自己搭上吧。”之后，李明轩再三向蓝小兰道歉，蓝小兰才原谅了他。

可是，恋爱仅仅才一个月，蓝小兰到底还是嫌贫爱富，这么快就搭上了董事长。

或许，幸福有时候就是这样，来得快也走得快。李明轩有种天塌下来的感觉。但他能责怪蓝小兰吗？虽然董事长年纪比较大，但他可以让蓝小兰过上锦衣玉食的生活，自己又能给蓝小兰什么呢？接下来，他开始刻意疏远蓝小兰，当蓝小兰再找他约会时，他开始推三阻四。

终于，蓝小兰发觉了公司里许多异样的眼光。这一天，她找到公司一位女员工，请她吃了一顿大餐，那员工才向她道出实情，原来公司人都在猜测她脚踏两只船。她听后，笑得花枝乱颤，吓得那位女员工饭没吃完就溜之大吉了。

回家的路上，那一幕又开始在蓝小兰的脑海中浮现。

5 年前的一天晚上，那时候蓝小兰还是个高中生，本来她住在学校里，已经是晚上 10 点多了，她突然发现有本书忘在了家里，因为第二天上课要用这本书，她胡乱跟门卫编了个理由，便独自一人回家去了。

当她走到一个僻静处时，突然，身后有两个歹徒猛地向她扑了过来，把她拽到路边的一个小胡同里，不由分说就扒她的衣服，她一边奋力挣扎，一边大声呼喊着救命。就在千钧一发之际，一个青年正好从这里路过，听到呼救声立刻冲了上去，赤手空拳打跑了两个歹徒，将惊魂未定的蓝小兰一路护送到家门口。那晚，蓝小兰记住了青年那张俊美的脸。后来，蓝小兰也曾多次在这一带徘徊，却再也没有见到他的身影，直到两个月前来到这家公司，才遇上当年救她的李明轩。

那天下班后，和董事长在办公室里讲述这件压在心底5年的遭遇时，李明轩的见义勇为得到了董事长的赞许，蓝小兰便不经意地搂了一下董事长的脖子。没想到正好被一个经过的同事透过窗户看到这一幕，便招来了那些闲言碎语。

第二天，蓝小兰刚走进公司大门，一位女员工便急匆匆地告诉她，李明轩要辞职了。她急忙来到李明轩的办公室，果然看到他正在收拾东西。蓝小兰走上前去，问李明轩：“为什么要离开？”李明轩一边收拾东西一边回答说：“或许我的离开才是最好的结局。”蓝小兰这时有点情绪激动地说：“明轩，你知道吗？我本来是要留在美国工作的，可两个月前我来公司时，正好在董事长的办公室里看到你来送营销材料。那时候我才知道，我一直苦苦寻找的你原来在这里。”李明轩依然头也不抬地说：“那又怎么样？董事长是成功人士，而我什么也给不了你！”

蓝小兰诡异地笑出了声，撒娇似的将嘴巴贴到他耳边说：“笨猪，你听好了，董事长是我爸！”

只听“啊”的一声，李明轩手里的东西随之散落了一地。

不打扰，是我最后的温柔

总是在雨季的时候，丁香花开满窗前，顷刻之间，回忆开始凌乱。总是不停地追问，究竟“谁厌了？怨了？谁不见了？谁又乱了？谁许的诺言不算了？谁和谁的爱情变了？”

细数昨日的细语，忘不了的情节总会像飞舞的花瓣，不经意间撒满我的心田。蓦地让我想起，自己是在张望，张望那些曾经从指尖划过的流年。

多想回到从前，一把雨伞，两个人，紧紧地依偎在一起，就像两条狂奔的鱼，向着我们的目的地一起飞奔而去。那时，我的思绪总是瞬间恍惚，不知为何，觉得原来伞只可以设计成圆的，你一半我一半，合起来便是圆满……可是，幸福总是太短暂，犹如我们的青春。

还记得我们第一次相遇吗？那时候，虽然我们同在一所大学里，同是大一的新生，可我们并不相识。那天，我和你不约而同去学校的锅炉房打水，你打开水龙头的一刹那，蒸腾的热气开始弥漫，你提壶的手不自觉地轻轻抖动了一下，就是那一下，让我立刻产生了一种怜香惜玉的感觉，那也是我第一次为一个女孩子而担心。于是，站在你的身后，我大声喊：“小心！别烫着。”就是这句话，你说，这是迄今为止你听到的男孩对你说的最动听的情话。我笑你，感动点太低，怎么就那么容易被感动？你反击我，谁让你那么容易怜香惜玉。

原来，最美的相遇，不是昙花一现的刹那绽放，不是茫茫人海中瞬间闪过的惊鸿一瞥，而是一种平静，就像一汪静静的湖水，有一种澄澈的美，犹如我们的相遇。

后来，我们自然而然地走到了一起。一起读书，一起学习，一起逛街，一起散步，偶尔，我们也一起相约去爬山、去旅行。

一起走过的日子，多美，就像清晨一朵带着露珠的花儿盛开一样，芬芳四溢，陪我们走过几多的静谧。你认定我是你一辈子的依靠，我承诺，今生一定非你不娶。没有金钱，没有功利，那该是我们人生最纯真的时刻吧！

可是，日子飞快，转眼，我们都毕业了，一切仿佛一首没有写完的诗，匆匆开始，又要匆匆结束。我和你，却因为谁到谁的城市发生了分歧。

十字路口，我们分着走，一个向北，一个向南，我们一步一回头，任凭眼泪横飞，直到看不见彼此。

开始的时候，我们还一星期一封信保持着联系，可是，写着写着变成了一月一封。再后来，季节变了，我们都倦了，累了，谁和谁许的诺言，也轻易地丢弃了，结果走着走着，我们就散了。

和你分开的日日夜夜，我才发现，三年的时间，其实我的心还停留在刚失去你的那一天，我一直在原地。既然那么爱你，为什么当初就不懂得妥协？当我幡然醒悟的时候，却传来了你披上婚纱的消息，我整个人傻在了那里，心像被什么扎了一样生生地疼。

或许，一切都是宿命吧！但我从来没有后悔过和你的相遇，一直把它视为我们生命中最珍贵的经历。那些彩色的岁月，那些美好的记忆是我们的资本，也是我们的慰藉。

你知道吗？正是这段青春让我们蜕变，让我们成长，也让我们在以后的人生中学会了坚守与珍惜。青春已散场，那么，我们就等待下一场的开幕。

总想着自己会过着过着就忘记了你，殊不知，天不老，情难绝，心似双丝网，中有千千结。

纵使花开花落，云卷云舒，可我依然能描绘出你最初的轮廓。

只是，不打扰，是我对你最后的温柔。

暗恋是一朵不美的花

在开往远方的列车上，她静静地靠在玻璃上。透过玻璃，泪水模糊了她的双眼……

那是在一次朋友的聚会上，她结识了他。因为他散淡的微笑，还是他不屑一顾的眼神，她也说不清，从第一眼看到他，她心里就觉得怪怪的，一种奇妙的感觉便涌上了心头。

每当一个人的时候，她时常会想起他。她平静的心已是波澜起伏。只因为，她已经暗恋上了他。

多少个夜晚，她不能入眠。她多想，哪怕只是坐在他的对面，看着他，听着他，感受着他。就这样，在一个个无眠的夜里，她心底绽放的花，静静地开，静静地落。只因为，她深深地想念着他。

后来，她知道了他所在的工作单位。于是，无数个日子，经常有一个女孩徘徊在他单位的门口。每次，看着他潇洒的身影进进出出，她只是躲在暗处。只因为，她暗恋着他。

她甚至打听到他喜欢的食物，买好后匿名送给他。她则躲在一边，看着他莫名其妙的神情，看着他吃着很香甜的样子，她就会开心得像个孩子。

一次，她外出购物，来到一座商厦前。突然，她看到了一个熟悉的影子，她有点不相信似的揉了揉自己的眼睛，定睛一看，果然是他。立刻，她的心开始狂跳起来，她多想上前和他打个招呼，和他一起手挽着手逛商厦。这时，她却发现他似乎在和自己打招呼，她简直有点受宠若惊，身体不由自主地向他走去。她分明看到他深情而微笑的脸，这一刻，她觉得自己好幸福。就在她将要走到他面前时，只见他一侧身，和身后突然冒出来的一个美女说笑着一起手挽着手离开了……她立刻傻在了那里。原来，他站在那里就是在等那位美女，只是她不知道而已。

而她也了解到，那位美女正是他的女朋友，不久他们就要结婚。而她的爱只能沉默着，疼痛着，凋零着。她的爱就像一朵野莲花，在偌大的池塘里，兀自招摇，尽管散发着幽幽的芬芳，而他却浑然不觉。

她开始不停地问自己：暗恋到底是什么？一个声音告诉她：暗恋是一棵无花果，暗恋是一种单相思，暗恋是一种说不出的痛。它虽然带着一丝酸涩的甜蜜，但更多的却是一种折磨，一种无奈的失落。

记得泰戈尔曾写道："世上最遥远的距离，不是生与死的距离，不是天各一方，而是我就站在你面前，你却不知道我爱你。"这该是天下暗恋过的男男女女念叨过无数遍的心经吧。

既然暗恋是一种无奈的失落，那么，为何不把它埋葬掉呢？那个夜晚，她彻夜难眠。那个夜晚，她忽然觉得自己非常果断。第二天，她就让外地的表姐给她联系了一份工作，她要离开这座城市，她决定彻底把他忘记。

列车依然向前奔驰着，故乡已渐渐远去。推开窗户，风吹干了她脸上的泪水，抚平了她的许多记忆。她要让暗恋从她的心底连根拔去，因为她懂得了，暗恋是一朵不美的花。

爱的代价

看电视剧《相爱十年》，剧中，由王大治饰演的配角陈启明对学妹孙玉梅那一厢情愿的单恋，不知怎的，却给我留下了深刻的印象。

孙玉梅在大学里是一名文艺骨干，她翩翩的舞姿和姣好的容貌深深吸引了学长陈启明，于是，陈启明便对学妹孙玉梅展开了火热的追求。他请孙玉梅看电影，买她爱喝的饮料；她去参加舞蹈比赛，他会把自己打扮得帅帅的，然后提着水果去送行；临近毕业时，他还是每天义无反顾地去孙玉梅寝室楼下等她……如此种种，换来的却是孙玉梅的不屑。

直到几年后，陈启明在深圳大街上无意中邂逅了落魄的孙玉梅，他对她的爱依然不变。他帮她投资开了一家服装店，即使后来遭到孙玉梅的无情抛弃，在他最后离开孙玉梅时，他依然给孙玉梅留下了20 万元，着实给观众演绎了一段傻傻的爱情。

其实，陈启明的这种爱就宛如一杯不加糖的咖啡，味道苦涩，叫人难以下咽，又不舍得丢弃，慢慢品味，寂寞无奈。这种爱真的很傻很天真，明知结果惨烈却依然爱得无怨无悔，看着让人心痛。

那年，单位的同事小芳，爱上了一个洒脱不羁的男孩。于是，小芳就像飞蛾扑火一般投入了这场轰轰烈烈的爱情当中。

那时候，男孩说，他还想再玩两年，不想过早参加工作，小芳便在生活上极力照顾他，挣钱来养活他。男孩喜欢名牌服装，小芳连个漂亮的围巾都不舍得给自己买，却节衣缩食尽量来满足男孩。一次，一位歌星到本地演出，男孩说，他很喜欢那位歌星，于是，为了搞到一张入场券，小芳整整排了一晚上的队。

直到有一天，男孩搂着一个漂亮的女孩站在她的面前，然后扬长而去。小芳还是一味地认为，他只是一时贪玩，相信自己的付出总有一天会得到回报。所以，她对他依然念念不忘。

写到这里，我真想送她一首歌："他不爱你算了吧，何必这样想着他，爱情不该那么傻，请忘掉那些愚蠢的想法，长痛不如短痛忘了吧，不要犯傻忘了吧……"

有时候，陷入爱情之中的人，真的让人不可理喻，爱上一个人，居然就会变得那么傻，继而做出一些难以挽回的事情。记得在网络上曾看到这样一个故事，她是一个温婉的女子，在银行工作，本来有着大好的前程，却死心塌地爱上了一个极其不靠谱的人，周围很多人劝她放弃这段所谓的爱情，可她却执迷不悟。结果，这位不靠谱的男友扬言要开什么公司，在他的极力怂恿下，她便挪用了银行的钱，最终被判刑 15 年，自毁了自己美好的前程。

多么显而易见的事情，如果他爱她，他会让她去铤而走险吗？可是，爱情在她面前，却像被蒙上了一层面纱，尽管她努力摸索着往前走，却一不小心走入了一条漆黑的巷道。其实爱一个人没有错，错的是自己没有守住爱情的底线。

有时候，爱情真的不可以那么傻，可又有几人在爱情里没有犯过傻呢？也许你的真诚没有得到回报，也许你爱的人会离你远去，也许你为爱付出了惨痛的代价，这些都会让你痛哭流涕，或者伤心难过。但是，那些付诸东流的爱，覆水难收的爱，让自己遍体鳞伤的爱，却终究会让人长大，让你从中学会如何去爱，并收获爱。

穿越经年的爱情守望

薛涛，唐代女诗人。她花容月貌，天姿聪慧，8 岁能诗，洞晓音律，多才多艺，声名远扬。元和五年，诗人元稹任监察御史，去成都巡视，与她有了一场美丽的邂逅。她不可救药地沦陷在他编织的柔情里，开始做着虚无缥缈的爱情迷梦。哪怕是飞蛾扑火，也在所不惜。

她对他是动了真情的，《池上双鸟》一诗毫不掩饰她对元稹的痴情："双栖绿池上，朝暮共飞还。更忆将雏日，同心莲叶间。"而他想必也是爱过薛涛的，他在写给她的《寄赠薛涛》一诗里，足以证明他曾寄情于她："锦江滑腻蛾眉秀，幻出文君与薛涛。言语巧偷鹦鹉舌，文章分得凤凰毛。纷纷辞客多停笔，个个公卿欲梦刀。别后相思隔烟水，菖蒲花发五云高。"只是，他生性浪漫，风流倜傥，怎肯将爱停留在一个比自己年长 11 岁的薛涛身上？然而，没有他的日子，她却心心牵挂着他，任自己迷醉、沉溺。她只能迷醉于文字中，将无边的思念悄悄浸染在诗词歌赋里，默默盼着他的归期："芙蓉新落蜀山秋，锦字开缄到是愁。闺阁不知戎马事，月高还上望夫楼。扰弱新蒲叶又齐，春深花落塞前溪。知君未转秦关骑，月照千门掩袖啼。"但他终究还是没有回头。

时光如梭，究竟催老了谁的容颜？屈指算来，他离开她已有20个年头了吧。这些年来，他如同落日的余晖在地平线上慢慢隐淡，而她依然对他无法释怀，情思不变。为了给远在长安的他一个惊喜，她特地发明了“浣花笺”，并题诗其上，寄至长安，以表相思之苦。收到其浣花笺的元稹也当即赋诗回赠：“长教碧玉藏深处，总向红笺写自随。”在他内心的某个角落，或许还深藏着她，但他却不能给她名分，所以他字里行间充满了几分歉意。收到他的诗，她着实高兴了一番，尽管他无法给她名分，但她仍然还是一厢情愿地编织着绮丽的美梦，相信他总有一天会来看她。于是，她写下了一往情深的《牡丹》：“去春零落暮春时，泪湿红笺怨别离。常恐便同巫峡散，因何重有武陵期。传情每向馨香得，不语还应彼此知。只欲栏边安枕席，夜深闲共说相思。”以解她对他的苦苦爱恋。

然而，日日夜夜的相思，日日夜夜的期盼，换来的却是“过尽千帆皆不是，斜晖脉脉水悠悠”的落寞孤单，他在她热切的期盼中音信渺茫。所有的眷恋和不舍渐渐变成了“衣带渐宽终不悔，为伊消得人憔悴”的幽怨。小窗独立，凭轩远望，要怎样才能和他共度一生？怎样的付出，他才肯踏尘归来？可是，纵使他们有诸多的纠缠，她也无法挽留他逝去的背影。

花开花落，曲终人散。一个人孤单的日子里，她只有含着泪水写下了染着绝望的《春望四首》：“花开不同赏，花落不同悲。欲问相思处，花开花落时。揽草结同心，将以遗知音。春愁正断绝，春鸟复哀吟。风花日将老，佳期犹渺渺。不结同心人，空结同心草。那堪花满枝，翻作两相思。玉箸垂朝镜，春风知不知。”让自己飘零一怀的思念，独自黯然，继而化作一世的等待。

最熟悉的陌生人

一年前，她学会了上网，偶然间她浏览到那个论坛，于是，在那里她和他就那么相识了。

每天夜里，他们就像约好了似的在论坛上相遇，然后一起看散文、读小说，一起写写文字。多少个夜晚他们就是那样一起走过来的，他们一起欢笑，一起忧伤，一起品尝人生的点点滴滴……

她了解到，上网多年的他，是个电脑知识极其丰富的人，而她则是个新手，对电脑几乎一无所知。于是，他便不厌其烦地向她传播知识，他教她发图片、粘贴 FLASH……因此，她对他有种说不出的感激。

她知道他有个很好听的名字，她每每觉得他的名字就像琼瑶小说笔下的角色，她曾经很喜欢读琼瑶的小说，所以她喜欢他的名字。

虽然，她和他远隔千里，她却感觉他们之间是那么的熟悉，她熟悉他的一切，包括他的家庭、他的妻子、他的孩子。

她看过他的照片，明亮的眼睛、浓黑的眉毛、标准的身材，帅气而温情，是那种让人一看就着迷的男人。

他有一份很不错的工作，在一家公司做经理。有时，他工作很忙，但他也不会忘记上网给她留下一条短消息。

可不知从什么时候开始，他们之间开始有种期盼、有种凄迷，隐隐约约还有点暧昧的关系，他们不明白为何会陷入一段无望的感情，他们都希望尽快结束这场没有规则的游戏。

可是没有他的夜晚，她开始想他，开始失眠，眼泪也会不争气地掉下来。寂寞的夜里，她又翻出他教她粘贴的那首 FLASH——最熟悉的陌生人！她一遍又一遍地听着那首伤感的歌曲！

“我们变成了世上 / 最熟悉的陌生人 / 今后各自曲折 / 各自悲哀 / 只怪我们爱得那么汹涌 / 爱得那么深 / 于是梦醒了搁浅了沉默了挥手了 / 却回不了神 / 如果当初在交会时能忍住了 / 激动的灵魂 / 也许今夜我不会让自己在思念里 / 沉沦……”

她清楚地记得，她曾不止一次地问他：“我们会变成世上最熟悉的陌生人吗？”他曾经充满深情而坚定地告诉她：“不会的。总有一天我们会在现实中真正相遇！”

可是，他们会相遇吗？就算相遇又能如何？既然是一段无望的感情，那又何必死死抓住它不放呢？

或者放弃更是一种美丽。于是，在一个上网的夜里，她删去了所有关于他的文字，并换了名字。

也许，他们注定要成为最熟悉的陌生人。

爱要大声说出来

单位的同事小姚来我家串门，看上去情绪有些低落，我笑着问他："小姚，怎么了？失恋了？"小姚说："大姐，你别笑话我了，我还没恋呢，哪来的失恋？"我收起笑容认真对小姚说："说正经的，你也老大不小了，也该找个女朋友了，怎么样，现在有目标吗？"小姚面有难色地说："我现在就为这事苦恼呢！"问其原因，原来是这样的。

前几天，小姚骑车去上班，在路上看到一个年轻的女子，好像车链子掉了，正蹲在那里满头大汗地装链子。其实装链子本是件很容易的事，可是，那女子却笨得要命，怎么也装不上。结果小姚当即就下了车，三下五除二帮那女子装好了车链子。女子连连说着感激，可是当小姚抬头看那女子时，才发现那女子长得如范冰冰一样动人美丽，小姚的脸立刻就红了。倒是那女子，落落大方地递给他一张名片，上面有电话和单位地址，女子说："我要上班去了，有时间别忘了给我打电话，我还得好好谢谢你呢！"说完，那女子就像一朵云似的飘走了。小姚却愣在了那里，感觉心里有扇窗，突然就开启了，小姚喜欢上了那女子。

听完小姚的叙述，我连声说："好啊，那你赶紧追啊，你可以打电话约她，慢慢地和她交往，然后再向她求爱。”可是小姚说：“她那么漂亮，怎么会爱上我呢？”我说：“你不追又怎么知道她不会爱上你呢？”

于是，我给小姚说了朋友小武的爱情故事。那年，小武爱上了单位的小丽，在外人的眼里，这根本就是件不可能的事情。因为小丽不仅人长得漂亮，而且懂得琴棋书画，是单位机关有名的才女，而小武当时只是个普通工人，长得也很普通。于是，很多人都嘲笑小武是“癞蛤蟆想吃天鹅肉”。然而，小武却不管外人怎么说，依然投入到追求小丽的“苦旅”中。功夫不负有心人，小武追求小丽半年时间后，终于金石为开，小丽被小武的执着深深打动了。如今，他们的儿子都十几岁了，生活得很幸福。听完我的故事，小姚猛然醒悟似的说：“谢谢大姐，我明白了，回去我就打电话。”

几个月后，小姚再来我家时，身边多了一位温柔漂亮的女子。原来那女子对小姚也极有好感，要不然也不会主动给小姚名片，用那位女子的话说，像小姚这样助人为乐的人实在难得。看到这对有情人终于走到了一起，我也感到由衷的欣慰。

很多时候，爱一个人，就要勇敢去追求，即使遭到拒绝，也不会心存遗憾。一味地退缩，幸福只能与你擦肩而过。

一根藤，两种瓜

小玫和小雯是一对好姐妹。从小她们一起玩耍，一起读书，一起长大，又一起走向社会。

在一次朋友聚会上，小玫结识了一个大她 10 岁的有妇之夫，那男人英俊潇洒、风流倜傥，而且事业有成。

男人大把大把地给小玫送花，于是，小玫就这样被深深地打动了，义无反顾地爱上了这个男人。一次，男人告诉小玫，他的办事处设在另外一个城市，不久就要离开。小玫知道，男人在给她信号。明明知道男人有老婆和孩子，然而被爱冲昏了头脑的她，依然打着去外地打工的名义，和男人一起来到了另外一座城市，过起了同居的生活。

在度过一段如漆似胶的日子后，一天，男人告诉小玫，说他的老婆和孩子要到他所在的城市来游玩，让她暂时住在旅店里。其实小玫从一开始就没有想过要独占这个男人，可当她听到他说这些话时，小玫的心里一时间还是像打碎了五味瓶，委实觉得不是滋味。

那些天，住在旅店里，在这个城市几乎没有一个朋友的她，觉得无聊郁闷，于是便到街上去闲逛。在一家商场里，小玫突然看到，在她的前方，男人和他的老婆还有孩子，一家三口正亲密无间地手拉手逛商场。走到跟前时，小玫还是礼貌地和他打了个招呼，男人像陌生人一样冷冷地对她说：“小姐，你认错人了。”那一刻，小玫难过极了，泪在她的脸上开始无声地滑落。

回到旅店，小玫无法控制地大哭了一场。等哭够了，小玫开始想，也许自己的爱情从一开始就开错了心门，走错了路，等到想回头时，却已经是满身疲惫、伤痕累累。

而小玫的好姐妹小雯，却在俗世生活中，认识了一位和自己年龄相仿的男子，虽然男子很青涩，长相也普通，可是男子对小雯的爱却是一心一意的。

有次小雯下夜班，走到一条僻静的小路时，突然冒出了几个流氓，小雯当时就吓晕了。等她醒过来时，那几个流氓已经被身边的这个男子打跑了。事后，小雯问男子：“你怎么那么巧正好路过那里？”男子说：“非要我说吗？”小雯说：“当然要说了。”于是男子说：“因为只要你上夜班，我每天都会跟在你后面保护你。”听完这句话，小雯一下子就被感动了。不久，爱情在他们之间开始开花结果，他们结了婚，而且婚后很幸福。

同样的姐妹，同样都是爱情，不同的选择，有着不一样的结局。她们的爱情，让我突然想起了小时候，有一次去瓜地，发现了一个秘密，一根藤上结出的瓜，居然有甜也有苦。

就像她们的爱情结出的果实，一种清脆甘甜，另一种却又苦又涩。其实，在人生的道路上，总有些人让爱情结错了果，当苦瓜被切开时，谁又能读透它那为爱滴血的苦涩呢？

黄昏恋

三年前的一天，在西班牙马德里的一场时尚活动中，她身着艳丽的服饰，像一只翩翩起舞的蝴蝶，不时在人群里穿来穿去地与客人打着招呼。突然，她发现人群中有一双腼腆而深情的眼睛在凝视着自己，她的脸突然微微有些泛红。她偷眼观望，面前的这个他，虽然年过花甲，却依然英俊潇洒、高大帅气，她的心里不禁开始泛起了爱的涟漪。而这时的他似乎鼓足了勇气，走到了她的面前，勇敢地向她发出了邀请，于是，他们一起跳了一支优雅的舞蹈。

她是英王詹姆士二世、英国前首相丘吉尔和已故黛安娜王妃的远亲，她在教皇面前不用屈膝，她是西班牙世袭的阿尔贝公爵的第 18 代继承人。她坐拥 35 亿欧元的身家，她拥有十多座城堡，她收藏了无数著名艺术品，她喜欢艳丽的服装，她就是西班牙最富有的女性之一：阿尔贝女公爵席尔瓦。

他是西班牙政府保险部的一名公务员。虽然他是一家公共关系咨询公司的拥有者，还是一位有品位的古董商，他的财富却远不可与她相提并论，但彼此的悬殊并没有成为他们爱情的绊脚石，相反，她与他一见倾心，并开始了相知相恋，不久就到了谈婚论嫁的地步。他的名字叫阿方索·迪亚兹。

当最早传出他们婚讯的时候，席尔瓦便遭到了西班牙国王卡洛斯的反对。席尔瓦的子女也极力反对这场“门不当、户不对”的婚姻，一时间，舆论哗然，来自各方的压力接踵而至。

就这样，历经三年的爱情长跑，她和他痴心不改，依然对爱情不离不弃。三年后的一天，席尔瓦在出席一个官方活动时对外宣称：“我想嫁给他是真的，我们对这个想法都有着十足的热情。”于是，为了平息子女的不满，女公爵使出了“撒手锏”，让她的子女提前继承自己的财富。而阿方索也公开声明，在与席尔瓦结婚后，不会参与其家族的财产分配。阿方索一再表示，他什么也不想要，他只想和她在一起。

“他们两人是真正的恋人关系。”阿尔贝家族的朋友、记者詹米·帕纳菲尔德这样告诉媒体。在席尔瓦宣布提前分配财产后，帕纳菲尔德对公众大声疾呼：“现在人们都看到了吧，那不是因为钱，是因为爱情。”是的，这两位年过花甲的老人摒弃浮华，只是为了爱情。

“醉过才知酒浓，爱过方知情重，和心灵相通的情感相比，所有物质不过是一阵清风。”当年迈的席尔瓦和她深爱的阿方索相挽着蹒跚而行时，那是一种黄昏之恋透射出来的安详之光，它折射出老年的充实和绵绵的情谊，蕴含了爱情永远的甜美和温柔。

认识一位很富有的老人，那年他 70 多岁，老伴儿于前几年因病去世。退居二线的他在经过一段时间孤独、寂寞的挣扎后，加入了一个老年活动中心。在这里，他认识了一个小自己十几岁的女人，女人温柔娴静，最主要的，女人也是单身。于是，两颗孤寂的心，在日常的接触中，慢慢地靠近了。一次，老人感冒了，女人便贴心地为他买来药，还精心为他做了姜汤。女人的关怀，让老人下定决心准备和女人一起共度余生。可是，他的决定却遭到了儿女们的反对，认为女人一定是唯利是图，尽管女人一再解释，他们只是为了彼此有个陪伴，根本与钱无关，可是老人的子女们不肯信。

好在他们顶着压力走到了一起。在女人陪伴了老人八年后，老人去世了。可令老人的子女们没想到的是，在老人去世后，女人把房本、存款统统交还到了他们手里。这反而令他们很惭愧，觉得当初不该对他们妄加阻拦。

其实，与其说他们是因为爱情走到了一起，不如说他们只是为了相互有个陪伴。因为，每当夜深人静时，老人最害怕的就是孤单。所以，做子女的要多给予老人情感认同和精神关爱，让老人们真正有个幸福的晚年。

一碗挂面汤的爱情

那一年，单位来了一位帅气的男大学生，消息传来，立刻引起单位上下一阵骚动，单位的那些单身美女一个个都开始蠢蠢欲动。

其实在单位里，还有一个女子也在默默地喜欢着大学生，只不过她长相很平常，高高的，身材不苗条，圆圆的脸庞太普通，这让她很是羡慕单位的那些美女，羡慕她们凭着自己漂亮的资本可以和大学生靠近，而她却连和他说话的勇气都没有。每当看到大学生和那些美女有说有笑时，她总是轻轻地叹息一声。

后来大学生和单位一位最漂亮的女子谈起了朋友，她知道后，也只有在心里默默地祝福着他们。然而，天有不测风云，人有旦夕祸福，就在这时却传来了大学生出车祸的消息，她暗地里为大学生揪紧了心，因为大学生的家远在千里之外的农村，身边没有亲人的照顾，不知道他该有多难过。但她转念一想，他身边不是还有漂亮的女朋友吗？她又何必为他操心？

刚开始的时候，漂亮女朋友天天拎着东西去看望大学生，可是后来，由于大学生伤势较重，医生说很可能要落下残疾时，漂亮女朋友开始退缩了，她不再去病房看望大学生。突然间，他的病房开始冷清，有多少次他望着病房门口，多么希望再次出现漂亮女朋友的身影，然而，他彻底失望了。

于是，一种从未有过的孤独、伤痛一起向他涌来，可是他却固执地不愿意告诉远在千里之外的亲人，他更不愿意他们替他担心，原想漂亮女朋友能伴着他一起渡过难关，没想到，她却离他远去了。

只几天的时间，他原本好看的眼睛便深凹了进去，白皙的皮肤也开始变得蜡黄，他已经有好多天没吃东西了，他开始发起了高烧。那天，恍惚中他突然闻到了一股挂面汤的香味，这熟悉的味道使他想起了小时候每次生病时，母亲总是亲自给他做碗挂面汤，再点上几滴香油，他立刻就会食欲大开。

可如今谁又会为他送来挂面汤呢？原来这一段时间她一直都在关注着他，看到他病房里漂亮女朋友的身影，她就会悄悄地离开。这几天，她知道了他的伤情，也知道了不再有人来探望他，她则悄悄地来到了他的身旁，摸着他滚烫的额头，看着他干裂的嘴唇，她二话没说便回家为他做了一碗香喷喷的挂面汤。

她一口一口地喂着他，而他的眼泪却大滴大滴地往下落……日复一日，在她的细心照料下，凭着他年轻的体魄，他很快恢复了健康，更没有落下任何残疾，医生说，这简直是个奇迹。

出院那天，她就消失了，她明白是到了她该离开他的时候了，她突然发现，她一点点的悲伤都没有，她反而很开心，这一辈子能为她喜欢的人做点儿事，她知足了。

那天，同事说要给她介绍个对象，她说什么也不肯去，可同事却对她说：“不去你会后悔一辈子的。”

那晚，她被同事硬拉着来到了相亲的小河边，同事说：“好了，我的使命完成了，祝你们幸福。”说完转身就离开了。这时，从远处走来一个人，她定睛一看，原来是帅气的大学生，在他的手里还有一束鲜艳的红玫瑰。

他走近她身旁，深情地对她说：“我想用这一束红玫瑰换你一辈子的挂面汤可以吗？”她说：“可是挂面汤只不过是一碗粗茶淡饭哪。”“可我从喝你第一碗挂面汤开始，我就爱上了这味道。”“是真的吗？”他坚定地点点头说：“是真的。”立刻，她的眼里噙满了泪花，那是幸福的泪花啊！

爱情不是你想卖，想买就能卖

2010 年，一曲《爱情买卖》曾唱红了网络，其中有一句经典的歌词:“爱情不是你想卖，想买就能卖”，恐怕人们早已经耳熟能详。如今，在网购发达的时代，一些人竟然真的在网店里将“爱情买卖”变为现实，“爱情”由此被公然摆上了“货架”，而这些网店里卖的不是物，而是人，并且把男生明码标价为 99 元，女生为 1 元，总共 100 元交到店主手中作为“约会基金”，店主就会用这 100 元请他们喝下午茶撮合他们，双方消费剩下的则作为网店的利润。确切地说，就是给那些单身男女创造一个相识和相恋的机会。

然而，爱情真的能买卖吗？面对网络上正日渐流行的“爱情买卖”，我所在的一个 QQ 群里展开了一场热烈的讨论。

网友香水百合如是说：不知不觉中，自己已经进入了“剩女”的行列，朋友们也没少费心给她介绍男朋友，但都因种种原因而搁浅了。如今，身边的未婚男子真是越来越少，如果能通过网络的平台，将自己“摆放”出来倒觉得很新鲜，而这又何尝不是一次让自己认识更多朋友的机会？说不定哪一天，还真的能“买”到一份自己满意的爱情，找到自己心目中的那个人，也好早日解决个人的终身大事。

22岁的帅哥卡西莫多则迫不及待地说：对于网络上出现的“爱情买卖”，自己也是非常赞同。试想，如果花99元能买来一份真爱，那真是太合适不过了。其实和自己“买”来的朋友去约会，也并不代表真的就“买下了谁”，如果发现“约会”的朋友感觉不对的话，也可以发展为普通朋友。俗话说得好，多一个朋友多一条路，总之，一点儿也不觉得亏。

网友清溪柳影却持坚决的否定态度：婚姻大事，岂是儿戏，怎么可以随意挂到网上买卖呢？这不是随意践踏自己的人格吗？即便这只是一种另类的相亲方式，但是，心里也会产生一种抵触情绪。

网友雪上飞狐也不无担忧地说：网络深深深几许。隔着网络，你不清楚对方的性情和身份，无法辨别前来相亲男女的真实目的，如果有一天，你突然看清了对方的真面目，恐怕自己伤不起啊！

……

网友们你一言我一语的见解，让我一时也无法定夺自己到底该站在哪一边了。其实，单身男女的“爱情买卖”各有利弊，也正如一个店主所言：“如果真的给人们提供一种平台相互认识的话，未尝不是一种创新的方式。但店主确实无法辨别男女双方的真实目的，也许一开始的交往动机就不太单纯，这个过程中也可能会出一些问题……”但不管是通过网络还是现实生活，如果大家都能抱着一种真诚的态度，相信你一定会得到一份美满的爱情。

没有人在原地等你

她和他是在一次朋友聚会中认识的。她巧笑倩兮，美目盼兮，是个非常出色的女子；他其实也不逊色，英俊潇洒，高大帅气。更主要的是，她单身他也单身，于是，很多人便调侃他们，真是天生的一对，地设的一双，不如你们拍拖吧！一句话点醒了梦中人，他们当真试着走到了一起。

她是一个风一般的女子，喜欢潇洒地漫步在大自然里。一次，她要他陪她一起去郊游，本来天气预报说有雨，可她执意要去，说这么晴朗的天气怎么可能有雨呢？一定是气象台搞错了。于是，他悉听尊便，什么也没说，便默默地陪她一起去爬山。可是，快到中午的时候，老天爷果然变了脸，不一会儿，雨“吧嗒吧嗒”地下了起来。这时，他急忙从背包里拿出雨衣给她披上。她惊讶得跟什么似的说：“你怎么算定要下雨，居然带了雨具？”他笑笑说：“因为我相信天气预报啊！”

后来，他们又一次结伴出游，在归来的途中，她有点口渴，便从他背后的背包里取水，却意外在包里发现了一件女式雨衣，直到这时，她才明白了他是多么的体贴和细心。

那天，她的父亲到外地出差，家里只留下了她和母亲。谁知，半夜里，母亲突然开始腹痛，她拨打了 120，情急中，她又想到了他，记得他说他的手机会 24 小时为她开着，她便急忙拨打了他的手机，他居然真的没有关机。更让她感动的是，他来的速度居然比 120 还快，于是，他们一起随同 120 将母亲送进了医院。好在，母亲只是吃坏了肚子，并没有什么大碍，但他却由此得到了母亲对他的认可，诚实可靠、待人周到、体贴有加，是个不错的人选。

就是这样一个完美的男人，曾让她周边的亲朋好友都一致认为，他们铁定会修成正果。可是，令所有人不可思议的是，她居然跟他提出了分手。

因为彼时，电视里正在热播韩国电视剧《来自星星的你》，无数粉丝为电视剧里的男主角都敏俊而痴狂，当然，她也是其中之一。而她和男友分手理由很荒诞，她说他像极了《来自星星的你》里的李辉京，可是她喜欢的却是都敏俊，那个外貌冷峻而帅气的外星人。

于是，她开始了她的寻觅之旅，一次又一次，她终于遇到了她生命里那个他，他冷峻、帅气，却说一不二，一切以自我为中心。那次，她和他也是出游，不巧正好遇到了下雨天，他们被淋成了落汤鸡，他居然责怪她：没见过你这么粗心的女子，出门不带雨具。那一次她发烧，给他打电话，他居然说和朋友在一起喝酒没有时间去看她。更让她难过的是，那天，她和单位一名男同事出去办公事，被他撞见后，居然不分青红皂白上前就给了她一耳光。

直到这时，她才想起了前任男友百般的好来，等她转过头来再去找前任男友时，却发现他身边已经有了一位清秀美丽的女孩。此时，她只有懊悔不已。

其实，在爱情的旅途上，很多人都会接二连三地犯同样的错误，一次次地放手，一次次地错过，换回的却是一次次的遗憾，就像亦舒所说：“我们爱着一些人，最后与之结婚生子的又是另外一些。”指的或许就是这样的一些无奈吧。

没有人会在原地等你，错过了，就再也不会回来。所以，当爱在我们身边的时候，一定要懂得珍惜。

第三辑

有一种爱叫不离不弃

一个女人就是一朵花，千万别忽略了花的心意。如果你爱这个女人，就像喜爱这朵花儿一样，请陪她一起绽放吧！不管是春秋寒暑，还是雨雪风霜，爱她，就陪她一起绽放。

爱她，就陪她一起绽放

第一次见到她，他就喜欢上了她，于是，开始发起了爱情攻势。其实，他并没有费吹灰之力，就把她追到了手，因为，第一次见到他，她也喜欢上了他。

正值青春最美的时节，两个青葱一般的年轻人，相爱了，便义无反顾，整日沉浸在爱情的海洋里。小河边，柳树下，留下了他们的倩影；公园里，花丛中，也留下了他们的足迹；咖啡馆，酒吧间，亦留下了他们的欢声笑语。每逢节日，鲜花则伴随他们左右，点缀了生活，也绽放了他们的爱情。他和她在一起的日子，爱情甜如蜜。

一切待到水到渠成，于是，在亲人的见证下，他们一起牵手踏上了婚姻的红地毯。

可是，谁能想到，就是这样两个蜜糖一样的恋人，蜜月刚过不久，他们之间却发生了变故。原因是，她想让他陪她去公园散步，他说，累，不想去。她去超市购物，想让他帮着拎东西，他说，超市又没有什么重量级物品，你一个人去就行了，我不喜欢逛超市。

接下来的日子，他不但不再陪她花前月下，还颇有微词地说："婚姻就是柴米油盐酱醋茶，就是平平淡淡过日子，哪能天天腻歪在一起，又不是谈恋爱。"她却红着眼圈说："我知道，你变心了，你已经不再爱我了。”他大声说：“谁变心了，谁不爱你了，你这女人怎么这么不可理喻！”

那一次，她去健身房健身，一个人在房间觉得特别孤单，她给他打了电话，让他来接她，可是，他会来吗？此时，一样的场景，却是不一样的心境，虽然室内放着舒缓的音乐，不知道为什么，轻扬飞舞的音乐却让她分外伤感，眼泪也开始在眼眶打转。突然，外面传来“嘭嘭”的敲门声，她以为他来接她了，她很开心，急忙开门去迎接他。可是，门外站着的，却是其他健身的人。

那天，她生气了，没有回家，而是回了娘家。他回来后没看到她，便急忙给她打电话，她的手机已关机，他这才想到她去了健身房。可是，健身房也没有她的影子，他便又到她的娘家找她。看到他来，她冷着脸说：“你走吧，我不会回去的。”任凭他如何解释，说单位正好有事走不开，她也无动于衷。后来，他接连去叫了她几次，她还是不肯跟他回来，他沮丧极了。

周末，他来我家串门，言谈间，把他们婚前婚后的经过一一诉说了一遍，然后苦恼地对我说：“姐，你说我做得还不够好吗？我不抽烟，不喝酒，不聚众打牌，每天下班后，我也是尽早回家，做饭、收拾屋子、打扫卫生样样都干，她还有什么不满足的？”我没有多说他什么，我只是问了他一句：“告诉我，你还爱她吗？”他似乎有点激动地说：“我当然爱她，非常非常爱她。”我说：“那不就得了，女人如花，爱她，就要陪她一起绽放啊！”我的话似乎对他起了醍醐灌顶的作用，他猛地站了起来，说：“姐，我明白了，我知道自己该怎么做了。”

健身房里，她跳着优美的健身操，室内依然放着舒缓的音乐，可是，忧伤却分明写在她的眉宇间。突然，外面传来了“嘭嘭”的敲门声，她以为是其他健身的朋友，便去开门，结果，没想到居然是他。他手里捧着一大束玫瑰，看到她，他动情地对她说：“原谅我曾经对你的忽视，以后，我一定对你不离不弃。”说着，他将手中的花儿送到了她的怀里，她接过花儿，含泪扑进了他的怀里。

之后的日子，小河边，柳树下，留下了他们的倩影；公园里，花丛中，也留下了他们的足迹；咖啡馆，酒吧间，亦留下了他们的欢声笑语……

是的，一个女人就是一朵花，千万别忽略了花的心意。如果你爱这个女人，就像喜爱这朵花儿一样，请陪她一起绽放吧！不管是春秋寒暑，还是雨雪风霜，爱她，就陪她一起绽放，给她一世的幸福。

为爱停留三分钟

男人和女人相爱了，不久他们便结了婚，婚后俩人才发现，彼此的缺点都不少。她是个有洁癖的人，可他的生活却不拘小节，他的臭袜子总是到处乱扔，文件夹也到处乱摆；而她却是个十分迷恋网络的人，他每次下班回来，总是看到她趴在电脑旁，根本不顾及他的感受，为此，他对她很是不满。

他经常抱怨她不是贤妻良母型的女人，而她也指责他不修边幅，不讲卫生。久而久之，他们常常因为琐事发生争执，甚至大动肝火，每当这个时候，她总会愤然回娘家，而他总是在她身后大喊："有本事你就走，永远也不要回来。"

可是，每次不出两三天他就会来接她，他知道其实他离不开这个女人。除了有时迷恋网络外，女人总能把家里收拾得整整齐齐、干干净净。而她每次不等他来接，就准备好了回家的理由，她知道男人是个好丈夫，每个月他都会把薪水原封不动地交给她，下班后也不会像其他男人一样在外鬼混。

可是，无休止的争吵依然在进行。只是后来她发现，每次争吵后离家出走，三分钟后，她的心就会渐渐平静下来，她就会开始后悔离家出走，可是为了顾及自己的面子，只好硬着头皮往娘家走。而他也发现，每次在她离开三分钟后，他的心就会一阵地绞疼：自己是男人，为什么就不能对女人忍让一点儿呢？

而他们双方的父母为此操碎了心，一直以来他们早已习惯他们的闹腾。可是一连十几天过去了，女人没有回娘家，而男人也没有回父母那里去，双方的父母反倒忐忑不安了，不知道他们到底发生了什么事情。

这一天，女人的父母和男人的父母一起来到了他们的小家，却看到他们在家安安稳稳、平平静静，他们为此很不解。而男人和女人这才恍然想起，他们忘记了告诉父母，他们定下了为爱停留三分钟的约定，那就是，每次吵得最凶时，只要一方喊停，双方都要为爱停留三分钟。这个方法果然奏效，为爱停留三分钟，他们不再吵闹，而是相视一笑，所以十多天来，女人便没有再回娘家，而男人也没有再回父母那里去。

其实，生活中，每当我们发火时，不妨都为爱停留三分钟。为爱停留三分钟，可以让呼吸平复，让气氛缓和，让心情平静。为爱停留三分钟，可以让伤害远离我们，让彼此得到包容，还我们一个宁静而幸福的家庭。

爱情不是甜言蜜语

时间过得真快，转眼，他们结婚已经 10 年了。岁月的磨蚀，爱情早已被锅碗瓢盆所取代。记不清从什么时候开始，他们不再有花前月下、甜言蜜语。他的不善言语让她有种错觉，认为他不再爱她了，而她也觉得他也不再是她的爱人。

于是，在她落寞的日子里，一个男人闯进了她的生活，那男人高大帅气，而且对她信誓旦旦，甜言蜜语，说一生一世都会爱她。终于她做出了一个重大决定，她要和他离婚。

当她把这个决定告诉丈夫时，丈夫先是疑惑，后是惊愕，他怎么也不会相信这一切都是真的。当他确定她确实要和他离婚时，他反而平静地对她说，让那男人来见他，只要那男人能给她幸福，照顾她的一生，他愿意成全他们。

那天，她和那男人真的一起面对他了，丈夫看上去是那么的憔悴，但还是强作镇定，他对那个男人说："无论疾病和灾难，你愿意照顾她的一生吗？"那男人果断地说："我愿意！"他说："好吧，你可以带走她了。"于是，他果断地和她离了婚。

再婚后，他对她总有说不完的甜言蜜语，她感到身心的满足，或者这就是她想要的生活吧。

可是老天爷偏偏和她开了一个天大的玩笑。单位在集体体检时，她被查出了乳腺癌，这无疑是晴天霹雳，当她把这个消息告诉那个男人时，本想他会和她一起共渡难关。却万万没有想到，当他得知这个消息后，他一连失踪了好多天。当她寻寻觅觅，终于拨通了他的电话时，他告诉她，他无法面对一个将要失去乳房的女人。

她几乎崩溃了。在她心碎的时候，她想到了前夫，当她对前夫说明了情况后，前夫只对她说："回家来吧！让我们一起战胜病魔。"

于是，前夫陪着她一起来到医院准备接受治疗，医生再次认真检查了她的身体后，告诉她，她身体完好，什么病也没有。他们不相信，她拿出来最初那张体检表给医生看，却才发现，原来由于疏忽，她拿错了那张和她相同名字的体检表，慌乱中，他们居然都没看清楚体检表上的年龄，一个是 34，一个是 43。

一次寻常的误诊，却让她真切地体味到了爱情的真谛。爱情，不是甜言蜜语的虚情，更多时候，它应该是危难来临时的一种扶持，困顿中的一份厮守。爱情不是有福同享，而是有难同当，只有在风雨来袭时还能心相连、手相牵，用一生去实践爱的承诺——我愿意！那才是值得我们所有人仰望的平实而不平凡的爱情。

一枝玫瑰，暖到落泪

女人生日那天，男人陪女人一起上街。路过花店时，看到一个衣着光鲜的男人正在把一束玫瑰双手递给身边的女人，并说：“老婆，生日快乐！”女人艳羡地看着他们，女人多么想男人也能送她一束玫瑰，哪怕只是一枝玫瑰也好。女人知道男人很疼爱她，但她知道目前男人没有那个闲钱给她买玫瑰。

男人和女人双双下了岗。真是屋漏偏逢连夜雨，女人又得了病。为了给女人看病，男人找了份临时活儿，每天给人拉车送货，很累，回到家再照顾女人吃药打针。女人在男人的精心调养下，病渐渐地有了好转，但医生说女人还得休养。

男人忘不了，在他很小的时候，他就失去了父母，没有人关爱的他就像一匹脱缰的野马，每天不是偷鸡摸狗，就是结伙打架斗殴。直到他 20 岁那年遇到她，他才尝到了被爱的滋味。

那天傍晚，在路边发现他时，他满脸都是血迹，而且一身的泥土，她不知道发生了什么事，但理智告诉她，必须把他送进医院。在医院里，她才知道了那天他和别人动手时挨了揍。她用心照顾了他几天，一来二去她对他产生了怜悯。

可是，她和他在一起的事却遭到了她全家人的反对，她的父母说:“你要执意和他在一起,以后就别进这个家门。”她的兄弟姐妹也一致反对,就连她最要好的女友也对她惊呼:“你这不是自己往火坑里跳吗?”

男人除了一间破房子,几乎一无所有,但女人还是义无反顾地跟了他。男人被女人的爱深深地感动了,为了不辜负女人的爱,男人发誓要浪子回头,让女人过上最幸福的日子。他疏远了所有的狐朋狗友,并且规规矩矩地找了份工作。

渐渐地他们装修了房子,换了新家具,也买了冰箱和电视。看到他的变化,她的家人和好友在惊讶之余也不再对他另眼看待,重新接纳了他。可人生的路上总是充满了坎坷,就在他们的日子好起来时,偏偏又遭遇女人生病、夫妻下岗,然而男人却用自己的承诺撑起了这个家。

女人是幸福的。但此时,望着花店里火红的玫瑰,女人还是露出了羡慕的表情,女人对男人说:“等我们以后日子好些了,你也给我买玫瑰吧。”男人说:“我现在就去给你买。”女人连忙制止说:“不不!一束玫瑰要好多钱呢!太贵了,够我们好多天的生活费了。”

晚上,女人做好了饭菜,却怎么也等不到男人,女人很焦急,几次到胡同口去等男人。一直到9点钟的时候,男人才匆匆地回了家,女人有点责怪地对男人说:“这么冷的天儿,你去哪里了?”男人变戏法似的从怀里掏出了一枝玫瑰花,双手递给女人,并说:“老婆,生日快乐。”原来男人等到这么晚回家,是为了等卖花老板收尾时,可以花一元钱买一枝廉价的玫瑰，这枝玫瑰虽然看上去有些枯萎，但依然火红，就像他们未来的日子一样，一定会火红起来。

手捧着那枝枯萎的玫瑰，女人的眼睛里流下了幸福的热泪。

爱情不是婚姻的保险箱

恋爱中的男女，总会走进这样的误区，以为婚姻是爱情的保险箱，可一旦跨进了婚姻这道门槛，时间长了，你就会发现这个保险箱其实也并不保险。

认识一女友，年轻漂亮，却任性。那年，她固执地爱上了单位的一名大学生，虽然他出身一个贫穷的家庭，但他温顺的性格加之聪颖好学的精神却深深吸引了女友。但那时，大学生已经有了女朋友，听说是他大学时的同学，可女友却不管那么多，用她的话说："只要没结婚，谁都有追求爱的权利，这叫公平竞争。"因此，在单位，女友不时地接近大学生，有什么好吃的东西，女友总是第一个送给大学生，平时对他的日常生活也是体贴入微，关爱有加。但真正改变他们之间关系的是那次，大学生的父亲得了重病，当他为父亲住院四处借钱时，闻知此事的女友不由分说地从自己家里拿出了2000元，要知道那时的2000元可不是个小数目，这可是救命钱啊！大学生当时就被感动了，再后来，爱情的天平倾向了女友，经过一段时间的交往，他们终于一起牵手走进了婚姻的殿堂。

可是，婚后没多久，女友就变了，她开始慢慢对老公少了许多的体贴和关爱。一次，女友的老公在家感冒发烧，而她却约好了和姐妹去做美容，临走只叮嘱老公一句，别忘了吃药，就匆匆出了门。还有一次，女友的老公在单位加班，已经很晚了，回到家却不见女友的身影，而且饭也没做，原来女友和别人一起搓麻去了。像这样的事情还有很多，我曾劝女友别忘了对婚姻保鲜，而女友却大大咧咧地说："煮熟的鸭子，飞不了的。"非但如此，女友还对老公实行了"经济制裁"，有时，老公的衣服挂在家里，女友就会随意翻找，查看有没有现金，这大大地刺伤了老公的自尊。久而久之，老公回家越来越晚了，女友还是一如既往，不知反思。直到有一天，老公一连几天都不见了踪迹，女友一下子才如梦初醒，可是已经为时太晚了，等待她的是一纸离婚协议书。

台湾著名漫画家朱德庸曾经说过，婚姻不论好坏，都是一出笑剧，唯一不同的是，美满的婚姻让自己看笑话，不美满的婚姻是让别人看笑话。是的，婚姻不是爱情的保险箱，稳定和谐的婚姻需要夫妻双方共同经营。如果不用心经营，煮熟的鸭子照样会飞。反之，如果你好好经营，走出婚姻的误区，你才会得到一个美满而稳定的婚姻。

有一种爱叫不离不弃

她和他是经人介绍相识的，她28岁，他30岁，她不算漂亮，当然他也不是很帅，他们都已步入大龄，没有太多的选择余地，所以经过一段时间的交往，他们便牵手走上了婚姻的红地毯。

结婚后，他们的婚姻就像白开水一样平平淡淡，波澜不惊。其实又有几个人爱得惊天动地、死去活来的呢？或许，这就是最寻常也最真实的爱情吧。

然而，谁也没想到，结婚才刚刚一个月，他出了车祸，危在旦夕，经过医生的竭力抢救，他总算从死亡线上回来了，却瘫在了床上。医生说，也许他这辈子都不会再站起来了，除非会有奇迹发生。但她还是怀抱着希望，放弃工作在家照顾他，她希望有一天他能重新站起来。

可是，半年过去了，男人依然瘫在床上，脾气也变得越来越暴躁，经常打骂她，让她滚，滚得越远越好。她伤心极了，亲朋好友也劝她，你还年轻，总不能跟一个瘫子过一辈子吧！想到自己那样精心照料他，还遭他的责骂，她觉得自己很委屈，她的心也动摇了，结婚才几个月，难道真要让一个瘫子拖累自己一辈子？

那天，她没有回家，她决定重新思考自己的人生。傍晚，她经过一座大桥，她突然看到一组温暖的镜头：一对50多岁的男女在桥上艰难地行走着，说是艰难，是因为男人患了半身不遂，自己走路很艰难，所以女人便把一条绳子套在男人的左脚脖上，和自己的右脚脖连在一起，绳子之间的距离只有一尺。先是女人的右脚和男人的左脚同步迈出，然后是女人的左脚和男人的右脚再一起同步迈出，就这样俩人相互搀扶着，富有节奏地走在一起。

她被他们之间这种不离不弃的爱深深地感动了。于是，她忍不住走近他们问女人：你们之间一定曾经有过轰轰烈烈的爱情吧！女人笑了，说："我哪懂啥叫爱情哟，我俩是经人介绍结的婚，婚后也经常吵吵闹闹，可是我想，既然走到了一起，就是一种责任和义务吧！"

女人的话深深打动了她的心，是啊！婚姻是一种责任，他现在正需要她，她又怎么能忍心离他而去呢？于是，她告别了他们，飞快地往家赶，走到家门口时，却看到男人不知什么时候自己从床上摔到了地上，满脸都是泪花，她的心一下子就疼了，急忙去搀扶男人，而男人却一把把她拥进怀里，像个孩子似的哭着说："不要离开我，我不能没有你。"

三个月后的一天，天气格外的晴朗，屋子里放着舒缓的音乐，而她却气喘吁吁地继续给他做按摩。突然，她发现他的脚轻轻地动了下，她鼓励他再动一下，原来，在坚持不懈的康复训练下，他的下肢终于有了知觉，这一发现，让他们喜极而泣。医生告诉他们，这是爱情创造的奇迹。

一年后，男人和女人一起在月光下并肩散步，只见女人不时地用手抚摸着自己微微隆起的腹部，男人则搀扶着女人在一旁不停地说："小心，慢点儿走。"这时，女人的脸上满是幸福的微笑。

其实，不管我们在爱的旅途中遇到多大的风霜雨雪，只要我们不离不弃，勇于担责，就一定会结出完美的爱情之果。

若有似无的甜才不会觉得腻

小桃和小刚的爱情瓜熟蒂落，终于一起牵手走上了婚姻的红地毯。

新婚的喜悦以及蜜月的日子是那样的温馨甜蜜。白天，两个相爱的人，一起漫步在城市或者郊外，当阵阵微风吹拂起她的秀发时，她喜欢听爱人在她耳边甜言蜜语。晚上回到家里，一盏暖暖的灯，一桌热热的饭，还有一个轻轻的拥吻，说不出的幸福与安宁。每当两个人一起享受这种浪漫的气氛，蜜月的浓情蜜意便尽在其中。

这一晃而过的蜜月，令小桃是那样的心满意足，她决定把以后的每一天都过成蜜月里的日子。结婚前，小桃很喜欢和单位的同事时不时地在一起聚聚。结婚后，小桃却把这一切都推得一干二净。每天下班后，总是匆匆忙忙地赶回去，把自己所有的重心都给了这个家，她的世界里似乎只有老公。老公回家，有可口的饭菜；老公出门，她赶紧备好鞋子和衣服。她把对老公的照顾当成自己义不容辞的责任。她想用真心换取真心，希望老公也会永远与她真心相爱。

可是，老公要打理公司，每天工作很忙。每每她在家做好了饭菜，不见老公回来，便不停地发短信或打电话。久而久之，让老公很烦恼。可是，她依然在家里等他、盼他，因为她是那样深深地眷恋着他。而她的老公，却越来越受不了小桃的黏人。没应酬的时候，他也故意不回家。

为此，小桃感到很苦恼，难道自己这样尽心尽力地照顾老公，换来的却是老公的疏离？

那天，小桃在下班的公交车上，突然听到一首歌《半糖主义》，歌词的大意是这样的：“我要对爱坚持半糖主义，永远让你觉得意犹未尽，若有似无的甜才不会觉得腻。我要对爱坚持半糖主义，真心不用天天黏在一起，爱来得不易要留一点空隙，彼此才能呼吸。……爱不用天天黏在一起。……爱的秘诀就是保持一定的距离。”

细细品味这首歌的时候，小桃突然恍然大悟：哦，原来自己不知道什么时候，已经在婚姻的航道里迷失了自己。是的，距离才能产生美，两个人如果经常腻在一起，无论对方有多好，也总会有厌倦的时候。

明白了这一点，小桃重新拾起自己以往的生活，有时，她和同事一起逛街，偶尔也会出去吃饭，最重要的是她还参加了一个志愿者队伍。每到周末，她便和志愿者到敬老院或儿童福利院参加献爱心活动。她的爱心很快得到了老公的赏识，老公越来越爱她了，自然他们的生活也回到了正常的轨道。

爱需要空间，爱需要距离，若有似无的甜才不会觉得腻。保持一定的距离，给彼此自由的呼吸，才能营造出最美的爱情之果，这就是爱的秘诀。

婚姻需要一面爱情墙

那年，他 23 岁，她 22 岁，经人介绍，他们相识了。婚前他们也和大多数情侣一样缠绵。然而，他们结婚还不到半年，便闹得不可开交。每次吵闹，都是“针尖对麦芒”，谁也不让谁。究其原因，无非都是些鸡毛蒜皮的小事。

一次，他又出去和朋友喝酒，回来时已是很晚。她没有睡，黑着脸在家等着。他一进门，她就暴跳如雷：“让你买的水龙头呢？家里水龙头漏水，跟你说两天了。我就知道，你心里早就没这个家了。”他这才想起，由于连续工作、应酬，把这事给忘了。

明明知道是自己错了，明明向她解释一下也就没事了，可是，看着她阴云密布的脸，他也没好气地说：“是，我就不想进这个家，我就是不想再听你唠叨了。”他话音未落，她就在一旁大哭了起来，一边哭一边诉说着他的“罪状”。看到她哭，他一时无措，就从地下室里找了些他们装修房子时余下的木板，借着酒劲，开始往墙上钉。她有点惊呆了，急忙阻拦他，说：“你这是干什么？”他说：“别拦我，我要把这堵墙做成一面‘诉状墙’，以后你可以把我的种种不是写在上面，因为我不想再和你这样吵下去了。”

第二天下班回来，她看到那些木板已经被他涂上了颜料，旁边还放着一盒彩色粉笔。当然，他也换上了新的水龙头。她心想，写就写，谁怕谁啊！

结婚半年，她心里有太多太多的委屈。那天，她准备往木板上一一罗列他的“罪状”。于是，她手里握着彩色粉笔，开始写：“结婚前，看你穿得也是体体面面的。结婚后，才发现你的衣服脏了就到处乱扔，而且自己从来不洗。不过，话说回来，第一次，我帮你洗完衣服后，你还专门给我做了一顿丰盛的晚餐，让我好开心啊！”明明是诉怨，可是写完后，她才发现里面怎么包含了表扬的成分，原来他并没有她想象得那么糟糕。

“结婚后，我才发现，你根本就不会做饭。还好，你总是把家里收拾得十分干净，朋友来串门，都夸我娶了个好媳妇。”这是他写的“诉状”。

于是她又写：“其实，是我做得不够好，遇事总喜欢唠叨。”

“不，是我不好，为了躲避你的唠叨，总是找理由出去喝酒。其实，很多应酬都是可以推掉的。记得有一次，我喝多了，吐了满地，你不嫌脏，赶紧打扫得干干净净，还给我泡了杯醒酒茶。”

“上网写字是我的爱好。有时，我会写到很晚，你总是悄无声息地给我泡上一杯花茶。记得你告诉过我，那些花茶是防辐射的，是你托别人专门从外地买来的。”

“有一次拌嘴，下班的路上，我依然还在生气。可是，当我看到你走在接我下班的路上时，我心里的委屈突然就荡然无存了，有的只是感动。”

“那一次，看到你和一位男同事说话，我突然就很嫉妒，回来后，还和你冷战了那么长的时间。后来，你用你的行动告诉我你的心里只有我。”

写着写着，所有的怨恨都消除了。写着写着，他们俩又相爱如初。后来，她还在木板墙的边缘用彩色粉笔画上了一些好看的图案。

原本是一面“诉状墙”，不知不觉中却变成了一面色彩斑斓的“爱情墙”。这面爱情墙，就像他们婚后生活的一面镜子，照出了他们各自的优点和缺点，最终让她和他又重新绽放出娇美的爱情之花。

不是所有的错都可以原谅

前些日子，看生活频道一档节目，在主持人的授意下，一个男人满怀愧疚地向观众讲述了自己从恋爱到结婚再到离婚的经过。

19岁那年，他还是一个毛头小子，不懂得什么是爱情。可是，有一天，单位来了一个女孩，她虽然算不上漂亮，却有种别样的气质，莫名地，他喜欢上了这个和自己年纪相仿的女孩。

很自然地，他们走到了一起。虽然他们之间从来没有过跌宕起伏的爱情，但他们一直以来也没有太多的冲突，所以，几年下来，他们倒也风平浪静地走了过来。

然而，婚后一年，他所有的问题便全都暴露了出来。本来，他每个月能赚一万多块钱，年终奖也能有一两万元，而妻子在家做全职太太，生活应该美满幸福。可是，他却越来越不懂得珍惜，每天下班后不是打牌，就是和朋友喝酒，对妻子和孩子不闻不问。有时，他回来晚了，妻子稍有不悦，规劝他几句，他就对妻子拳打脚踢。

妻子生气回了娘家，他便请亲朋好友从中化解，发誓以后不再喝酒打牌。可是一段时间后，他又开始旧病复发。这样的日子，一次、两次、三次……无数次的原谅换回的是无数次的伤害，妻子终于忍无可忍，提出了离婚。血气方刚的他听到“离婚”二字，更是理直气壮地说："离就离，谁怕谁？"

可是，没有了妻子孩子，这哪里还是个家啊！离婚后的他才恍然发现妻子原来一直都是自己的唯一，是他最爱的人，他不能没有妻子和孩子。于是，他决定努力挽回妻子。为了表示自己的诚心，他专门来到电视台，参加了生活频道的节目。

在电视上，他向妻子做了深深的忏悔，他说："老婆，我爱你，当我失去你的时候，我才知道你在我的生命里有多么重要。可我知道，以前的我有多混蛋，从来不听你的规劝，每次出去喝酒打牌，赢钱了，回到家心情好一点儿，就和你吵几句；输钱了，心情糟糕透顶，借着酒劲我就会打你，现在想想我怎么能动手打自己的妻子呢？老婆，我错了，只要你肯给我一个改正的机会，以后我一定好好呵护你，疼你，爱你，一辈子，生生世世。"

说到动情处，他还情不自禁地唱起了蔡晓的《伤了我爱的人》："……再给我一次机会找回曾经的拥有 / 伤了我爱的人让我崩溃让我的心碎 / 现在我真的不知道怎样才能够去面对 / 伤了我爱的人让我崩溃让我的心碎 / 不见你的这些天里我流下眼泪 / 不见你的这些天里我夜夜无法安睡……"

他真诚的忏悔似乎打动了在场的观众和主持人，于是，主持人当场为他连线了他的前妻。当主持人问她："你愿意给他一次改正的机会吗？"片刻的沉默后，电话里传来了他前妻铿锵有力的声音："不是所有的错都可以原谅。"

事情到了这番地步，我想，用刘若英的那首歌来形容他此时的心境再恰当不过了："后来我总算学会了如何去爱 / 可惜你早已远去消失在人海 / 后来终于在眼泪中明白 / 有些人一旦错过就不再……"

看到这个结果，我竟然感到一丝欣慰。那个前妻并没有因为前夫这次更加大张旗鼓的忏悔而动摇，没有因为主持人的劝说而心软，而是坚定地做出了对自己最为有益的选择——远离家庭暴力。是的，在婚姻里，不是所有的错都可以原谅，一旦错过，就不会再来。

爱情，需要用心去编织

那年，认识他时，他很穷，穷得只能缩在一套单薄的中山装里。不知为什么，在她心里，他单薄的身影总让她生出莫名的疼惜。于是，她买来两团当年最流行的开士米毛线，用了将近一个月的时间为他精心编织了一件高领毛衣。穿上那件毛衣时，他居然哭了，他说，这是他生平第一次穿毛衣。那件毛衣挡住了他整个冬天的寒冷，也温暖了他的一颗心。冬去春来，他们轰轰烈烈地相爱了，然后一起步入了婚姻的殿堂。

那些年，生活虽然清苦，日子却在她的编织中过得平凡而幸福。后来，在他的努力下，他的生意越做越大。渐渐地，家里生活条件也越来越好，她也懒得再为他编织毛衣。有一天，当他拿出藏在衣柜里的高领毛衣，她却一把夺下，责怪地对他说："别没出息。"于是，他里里外外都换上了名牌服饰。可换上名牌的他老觉得不自在，总是调侃地对她说："咋这名牌毛衣还没有你编织的毛衣暖和呢？"她听了只是笑，却懒得理他，楼下的朋友正在等她搓麻将，晚上还要去颜如玉美容院美容。而接下来的日子，他的工作也越来越忙，应酬也越来越多。渐渐地，他们之间好像有了距离，但忙于逛街、打牌、美容的她却从没有怀疑过他对自己的爱，她一直认为他们的爱情坚不可摧。

那天晚上，他进门时她正坐在客厅的沙发上看肥皂剧。他顺手把公文包朝茶几上一扔就进了卫生间。不一会儿，包里的手机“叮咚”一声响了一下。起初，她并没有在意，她从来没有偷窥他手机短信的习惯。不一会儿，包里的手机又“叮咚”一声，她突然很好奇，她看看电视上显示的时间，正好11点，心想这么晚了还有谁给他发消息？她从包里拿出手机，翻出短信：“今晚你必须跟她摊牌，告诉她你们之间已经没有了爱情，等你的消息。”她一下子蒙了，可转念又想，是不是谁发错了短信？这时，他从卫生间里走了出来，看到她拿着手机，先是一怔，继而一把从她手里夺过了手机，没容她说什么，他开了口：“我们离婚吧！这一段时间我住在公司里，一个月后我们办手续。”说完，他一摔门，消失在夜幕里。

她一下子瘫在了沙发上，她的世界仿佛顷刻间轰然崩溃。她不明白，曾经说过要相亲相爱一辈子，难道他已经忘了？她不甘心，一次又一次地托人找他谈判，希望他能够回心转意，可是他的态度却很坚决，他说，他们之间已经没有了爱情。面对爱情的沦陷，她觉得人生真的很无奈，这一切仿佛就像抄袭别人不厌其烦的悲剧……只是，她有诸多的不舍。

那段时间，她出奇地冷静，并没有像人们想象的那样歇斯底里。她不再逛街，不再搓麻将，也不再进美容院，她成天把自己关在家里。她要好好地反思一下问题到底出在了哪里。其实，爱情走到今天这个地步也不全是他的错，自己也应该承担一部分责任。想通了这一层，她不再找人游说。那天下午，她独自上了一趟街，回来时手里多了一个包。然后，依然把自己关在家里。

一个月的时间很快就到了。那天，他拿回了一纸协议，放到她面前，然后就坐在沙发上抽烟，等她签字。而她却转身去了趟卧室，出来时抱出一件崭新的毛衣，她把它放进他的怀里，有点哽咽地对他说："天凉了，记得别忘了穿毛衣。"手捧着她编织的毛衣，往事突然在他的眼前一幕幕地回放，他怎能忘记，在他最贫寒的时候是她给予他温暖，在他最落魄的时候是她给予他鼓励，如今……想到这里，他的心开始一点点地回归，他流泪了。突然，他一把打飞了她正欲签字的那支笔，她愣了愣，反身委屈地扑进了他的怀里。此时的她似乎更明白了一个道理，爱情不仅需要呵护，还需要用心去编织。

爱情，不需要山盟海誓的承诺

爱情到来的时候，相爱的男女总免不了山盟海誓，比如:“我爱你一生一世”“我爱你至死不渝”……虽然这些话很能讨彼此的欢心，却未必能兑现。

邻居家女孩芳芳，聪明伶俐、美丽大方。那年，到了谈婚论嫁的年龄，男孩小姚和男孩小吴同时爱上了她。在芳芳看来，这两个男孩一样的英俊潇洒，一样对她穷追不舍，这反而让她一时无法取舍，到底哪个男孩更适合自己，她决定观察一段再做决定。

一段时间后，芳芳发现，男孩小姚人比较老实也很宽厚，是个过日子的人，但唯一让她不满意的是，小姚从来没有给过她任何承诺；而男孩小吴人很精明，办事也比较灵活，让芳芳开心的是，小吴向芳芳承诺，这辈子只爱她一人，永不变心。于是，芳芳心中的天平倾向了小吴。经过一段时间的交往，他们很快步入了婚姻的殿堂。

可是，谁能够想到，结婚还不到一年，芳芳因为闹离婚而回了娘家。事后，芳芳向我哭诉道，她的老公有了外遇，喜欢上一个比她更漂亮的女孩，提出来要跟她离婚。芳芳自然闹得风生水起，并一再质问他:“当初的誓言都哪去了？是谁信誓旦旦地说爱我一辈子的？现在一年都不到居然就变心了，这不是天大的笑话吗？”可不管她怎么哭闹，怎么哀求，全都无济于事。

芳芳觉得自己很委屈，自己的青春就这么白白搭了进去，她不甘心，决定找那个女孩谈谈，好让女孩放手，把老公还给自己。可是，当面对那女孩时，女孩却说：“你老公根本就不爱你，他说只爱我一个人，一生一世。”听完女孩的话，芳芳如梦初醒，似乎才看清了这个男人的真面目。这个口口声声承诺爱自己一生一世的男人，其实根本就是个不负责的男人，而这样的男人根本就不值得托付一生，所以，她果断地和这个男人离了婚。只是，她很后悔自己当初听信承诺而选错了人。

远房表妹的女儿甜甜，从小就特别招人喜欢，长大后，越发出落得如花似玉，从上中学开始，身边就不乏男生天天围着她转，但甜甜从来就没有把他们放在眼里。升入大学后，无数的男生更是倾慕于她，但甜甜仍然对他们视若无睹。

一切来得那么突然，大学即将毕业的那一年，一个富二代捧着199朵玫瑰，带着一个大蛋糕，单膝跪在她的家门口向她求婚，招来了街坊四邻的围观。可能出于矜持，甜甜开始一直不肯出来，那男子好像等得有点心焦，突然高喊：“甜甜，我爱你，爱你到地老天荒，嫁给我吧！”就是这几句话，彻底甜到了甜甜的心坎里，一切就像电影中的桥段一样，甜甜红着双眼从家里走出来，然后，两人拥抱在一起。

甜甜大学毕业后，他们开始谈婚论嫁。当时，我对甜甜说：“别急着结婚，最好再观察一段时间。”甜甜说：“表姨，你是没见他求婚时的表现，真的太感人了。你放心吧，他不会辜负我的。”甜甜在说这话时，充满了快乐和自信，我还能说什么呢？

可惜，一年后，他们就离婚了，原因当然是男子见异思迁。甜甜躺在床上哭得死去活来，不时大声哭喊着：“说好的山盟海誓，说好的地老天荒呢？”

是的，爱情不是海枯石烂的山盟海誓，而是彼此之间的不离不弃；爱情不是奢侈的烛光晚餐，而是平凡日子里的细水长流。爱情不是每天对你说“我爱你”，而是挽着你的手，风雨一起走，直到相知相守一辈子。

拒绝也是一种爱

那天，她闲来无事，整理东西，突然看到几盘尘封已久的磁带，霎时，记忆的闸门，就像是一道美丽的流星划向她的心间。

那一年，她孤身一人来到一个陌生的小城工作，虽然很快和同事们打成了一片，但下班后，她们还是像燕子似的一个个地飞回了家。那些日子，一个人在外甚是无聊。后来，通过别人，她认识了看上去成熟、稳重而又帅气的他。

当了解到她喜欢听歌时，他送来了几盘很流行的磁带，并不时抽出时间来陪她。有时陪她一起聊聊天听听歌，有时陪她一起去吃饭，更多的时候他们一起仰望天空看美丽的流星。所以，那段日子过得轻松而愉快。

可能是他比她小几岁的缘故吧，他们的关系始终处在那种融洽、平静和安稳当中，但她清楚地记得一个初秋的晚上，他们一起到一个小地摊上吃饭，这时，秋风习习，点点凉意向她袭来，她不禁打了个寒战，这一切被他看在了眼里，细心的他脱下了外套轻轻地披在了她的身上，这一刻望着他，她的心中涌起了一股浓浓的暖意。

在送她回到住处的门口时，他突然充满柔情地对她说："我知道你结婚了，但是我爱你。你能接受我的爱吗？"她的心为之一颤。坦白说，她也喜欢上了他，因为他正好填补了她那时感情的空白。只是，她的内心充满了迷茫，不知道该答应还是拒绝他。正在她为难之时，突然，她的手机响了，是爱人的短信："早点儿休息，想你。"看着爱人的短信，她感到很羞愧，她和爱人的感情一直很稳定，怎么可以让自己出轨呢？

于是，她坚定地对他说："你我之间或许是彼此身边一颗美丽的流星。是流星，迟早都会坠落的。"听完她的话，他有些激动地说："不，我不是流星，是恒星。""算了吧，趁现在还没有开始，我们结束吧！"看到她强硬的态度，那晚，他是那样的落寞。当他转身离开的时候，望着他失落的背影，她在心里对他说："请原谅我的拒绝。"

后来，她调回了自己所属的小城，过着平静的生活，便再也没有见到过他。一晃好多年过去了，那天，她打电话向朋友问起他的事情，朋友说：他早就结婚了，妻子很漂亮，而且他们还有一个可爱的儿子，有一个幸福的家庭。这让她很欣慰。

拒绝是什么？拒绝是一种勇气，它关上一扇门，却打开另一个宽广的通道。拒绝是一种毅力，它抵制诱惑，也挡住了烦恼。拒绝也是一种幸福，它摒弃心灵的尘埃，却收获了人间最美的真爱。

第四辑

这世界偷偷爱着你

此生，不管身在何处，我都将心向温暖，怀兰心梅韵，携善良友爱，一路低眉行走于尘世烟雨，静观天上云卷云舒，闲看庭前花开次第，在低眉中让人生丰盈美丽。

携一缕温婉，美丽人生

有段时间，我曾一度沉迷于有钱人的荣华富贵，以及明星华丽的服饰，幻想着如果自己也和他们一样，那将是多么美好的生活啊！可是，每每从幻想中跌落到现实，想着自己只不过是一个平凡的人，我就会倍感失落。久而久之，我的生活开始变得百无聊赖，无精打采，甚至对生活丧失了乐趣。

我所有一切细微的变化，被母亲悉数看在了眼里。于是，母亲来到我的身边，语重心长地对我说："孩子，你没必要仰视别人的生活，因为生活不仅仅是金钱和华丽的服饰，只要你放下姿态，低眉尘世，你就会看到平凡的人也一样会活得有品质。"母亲的话，让我半信半疑。

那天，我外出路过一个十字路口，看到一个 60 多岁的妇人，正笑容满面地吆喝着："卖红薯了，又香又甜的红薯。"其实，这个卖红薯的女人，在这里已经有十多年了，只是，我从来没有留意过她罢了。可是，一个卖红薯的何以有如此快乐的心态呢？于是，出于好奇，我走了过去，问："大婶，你不觉得卖红薯辛苦吗？"大婶回答说："不辛苦，只要一想到卖红薯供出来的两个大学生，我心里别提有多开心呢！"

原来，大婶有一双可爱的儿女，可是，十几年前，她的丈夫突然去世了，她的家瞬间垮塌了下来，怎么办？与其怨天尤人，不如靠自己，于是，她勇敢地走上了街头开始烤红薯，这一烤就是十几年，她的一双儿女也由初中升入高中，再由高中考上大学，这中间固然有辛苦，但更多的却是快乐和满足！听着大婶的叙述，看着大婶眉飞色舞的样子，我突然领悟到，这或许就是尘世里最原始的幸福和满足吧！

俗话说："授人玫瑰，手留余香。"在一个小学区的附近，也有这样一位老师傅，他七十来岁，单身一人，没有孩子，而且他的一条腿有点残疾，可是，有谁知道他在这里修鞋居然已经有二十多年了。起初，很多人不解，放着闹市的街口他不去，却选择了这样一个生意萧索的地方。可他却笑而不答，后来人们才发现，每当上下学，他宁可放下生意不做，也要一瘸一拐地护送孩子们过马路，他是把护送孩子当成了自己的人生乐趣，而这些孩子又何尝不是老天送给他的孩子呢？

和几个朋友相聚，酒足饭饱之后，我们相谈甚欢，人生的感慨也一拥而至。谈论最多的是关于人生与快乐的话题，我们一致的感触是：对生活的奢望越高，生活的快乐越少，烦恼越多。因为人心太贪婪，即便拥有了许多也还会生出更多的欲望，这欲望似乎永远没有尽头。而学会在尘世里低眉，就会在柴米油盐里讨喜，就像妇人和老师傅一样，虽然他们生活在社会的最底层，但他们却将自己的生活过得如花开般美丽。

一朵花开、一抹新绿、一杯淡茶、一颗善心、三两知己皆是欢喜。凡间俗世，一路踏尘，或许学会低眉才是一种人生智慧吧。

所以此生，不管身在何处，我都将心向温暖，怀兰心梅韵，携善良温婉，一路低眉行走于尘世烟雨，静观天上云卷云舒，闲看庭前花开次第，在低眉中让人生丰盈美丽。

那些善良的“绵薄之爱”

我家的对门，住着一对中年夫妻，两个人同在一家不错的企业里工作，收入也不错。可是，我却发现这对夫妻的生活极其俭朴，每次去他们家串门，常常看到他们吃的是粗茶淡饭，而且他们衣着也很朴素。不说别的，就说他们家那台电视机，最少也有十几年的历史了。于是，我不止一次地奚落他们：“你们家的电视该进历史博物馆了吧？你们俩也是的，又不缺钱，干吗那么小气？整天把自己弄得跟贫民似的，何必呢？”对于我的话，他们夫妻俩也不反驳，总是嘿嘿一笑了之。

有一天，我从外面回来，看到对门邻居家门口站着一个年轻人，年轻人手里还提着一袋水果。我问他找谁，年轻人说出了对门的名字。看年轻人憨厚的样子，也不像个坏人，我便告诉他，还不到下班时间呢，要不先来我家等等吧。

年轻人随我进屋后，我问他：“你是他家亲戚啊？”年轻人摇了摇头说：“不是。”我又问：“那你们不会是朋友吧？”年轻人再次摇了摇头说：“我们还没见过面呢。”“那你们……”年轻人看我疑惑的样子，便一五一十地跟我讲了起来。

原来，年轻人在上小学三年级时，父母双双出了车祸，成了残疾人，这对于一个本来就贫困的家庭来说更是雪上加霜，年轻人不得不选择辍学。那时，正好对门夫妻所在的单位和学校实行“手拉手”帮扶活动，于是，对门夫妻便从此负担起年轻人所有的学费和生活费，但他们唯一的请求就是不许单位和学校声张此事，只希望孩子能健康快乐地成长。

如今年轻人已经大学毕业找到了一份工作，说什么也要上门来感谢恩人，并告诉他们自己已不再需要资助了，所以才按每次汇款的地址找到了这里。

听完年轻人的话，我突然热泪盈眶，原来一直被我奚落的“吝啬鬼”，却是这样的慷慨。更可贵的是，他们的善举，却从来不声张，不宣扬。

前一段时间，网络上也曾流传着这样一件感人的事迹：福建石狮市区去年开了一家“永恒阳光馒头店”，但馒头店内那些热气腾腾的、散发出缕缕麦香的馒头，却不对外售卖，而是专门提供给各种贫困人群免费食用。

如今，这家馒头店已经开张一年多了，共向穷人送出 30 多万个馒头，每天到馒头店吃馒头的人络绎不绝，有流浪汉、环卫工人、水果摊贩、工地工人、保姆、乞丐等。然而，这家馒头店的老板对外从不透露自己的姓名，店内的工作人员也是守口如瓶。但馒头的“绵薄之爱”，却每天关爱着经受困顿之苦的“风雨之人”。

是的，有一种善举叫沉默，当事人不想被过度关注，只想默默地做着力所能及的事，这就是最简单也是最本质的善。

意外的收获

周末加班，在网上埋头查了整整一下午的资料，直到快下班的时候，才发现外面飘起了毛毛细雨。

可能是雨天的缘故吧，路上的行人比平时少了许多，头昏昏沉沉的，那些资料依然在脑子里挥之不去。

突然，我的车子从后面像是被什么东西猛烈地撞击了一下，随着我的一声惨叫，我被重重地撞出了几米之外。“你怎么回事？”我回头大喊着，却发现原来是一个女人骑着摩托车撞到了我，她车上的孩子也被重重地摔在了地上，女人急忙向我道歉：“对不起！我脑子有点走神，是我骑车不小心撞到了你。”此时，她的孩子因为惊吓而号啕大哭，再看那孩子，一脸的泥土好像还有血迹，可是那女人似乎顾不上管孩子，仍然对我说：“我扶你起来吧。”“别管我了，先去看孩子吧。”面对此情此景，坐在泥泞中的我口气缓和了许多。女人听了我的话，才缓过神来，急忙去看自己的孩子。孩子可能是擦破了点儿皮，没什么大碍。这时，我早已被身边围拢过来的人扶了起来，女人再次怯怯地对我说：“真的对不起，要不要先去看医生？”我被女人真诚的话语感动了，急忙对她说：“没事的，你走吧，只是以后骑车当心点儿就可以了。”其实说别人更是说自己，以后骑车千万不能脑子走神。这时，女人似乎也很感动，只见她从包里拿出了自己的名片，递给我，说：“你真是个好人，但我还是不放心，如果身体有什么不适的话，就给我打电话吧！”接过女人的名片，我会心地笑了笑，只好掏出自己的名片作为交换。

一天，突然有人敲我家的门，打开一看，这不是撞我车的那个女人吗？我赶紧一边把女人让进了屋里，一边对女人说：“你怎么来了？”女人说：“那天看你摔得不轻，我一直不放心，所以就按着你的名片找到了这里。”这时，我发现女人手里还拎着一袋子水果，我说：“怎么还带水果来？”女人说：“也没给你带什么东西，我是外地的，在你们这里做水果生意，那天，就是因为脑子里想着水果生意的事情，所以才撞车的。”看女人好像还有什么心事似的，我问：“是不是还有什么事情啊？”女人说：“我在这里也没什么亲戚朋友，看你人这么好，我是想和你交个朋友，不知道你答不答应？”我哪里有不答应之理，赶紧说：“来，我们拉钩吧，让我们做一生的好朋友。”当我和女人的手指拉在一起时，我们的眼里居然噙满了泪花。

真是没想到，一场意外，我不过做了点儿小小的让步，却收获了一份真诚的友谊。其实生活就是这样，难免会发生意外，难免会有磕磕碰碰，如果得理不饶人，往往就会引发一场争斗，结果就会是“双输”。如果反其道而行之，付之以理解和包容，对方定会心存感激，化干戈为玉帛走向“双赢”，说不定还会让你有意想不到的收获。

善意的谎言，是心灵深处如花的绽放

作为一名 70 多岁的老人，本应到了膝下儿女承欢颐养天年的时候，可是他却是一位孤寡老人，无儿无女，亦没有任何经济来源，生活怎么办？他只好不顾自己早已年迈的身躯，到环卫处觅得一份扫大街的工作，虽然一月只有 1000 多元的收入，三个月一结，但他已经非常知足了。

眼看着马上就要过年了，也到了该发工钱的时候，老人别提有多开心了。因为，等老人拿到这三个月的工钱，他就可以和大家一样过一个很“富足”的年了，这事想想都能让老人不由得笑出声来。

那天，老人来到财务处领工钱时，贴心的工作人员在老人清点工钱后，还专门将钱放进了一个白色信封里，怕老人记性不好，工作人员还特意在信封上写上老人的名字和工钱数额 3360 元，这才放心地把钱交到老人手里。

领到工钱的老人兴高采烈地走在回家的路上，快到家门口时，老人不忘摸一下放钱的口袋，然而，这一摸，老人却惊出了一身的冷汗，他发现自己的工钱不见了。心神不安的老人急忙返回头去找，可哪里还有钱的影子？在一路寻找无果后，便沮丧地来到了一家经常光顾的包子店。

老人失魂落魄的样子，引起了包子店一名服务员的注意，待问明情况后，想到这是老人一冬的收入，没有这个钱就意味着老人无法过这个年，这个善良的姑娘便将此消息通过微信发送到了朋友圈，希望捡到钱的人能迅速归还。

网络的力量是强大的，没想到，就在刚刚发出朋友圈不久，老人就收到了来自全国各地 100 多位朋友的询问和关心，甚至还接到了外国朋友的来电。老人有点莫名其妙，对身旁的人说：“我也不知道这是怎么回事，突然就来了这么多电话。”令老人不知所以的事情还在后头呢！

就在当天，一个 30 岁左右的小伙子开车找到了在包子铺附近打扫卫生的老人，并将一个黄色的信封交到老人的手上，对老人说：“这是我捡到的钱，你数数对不对？”说完就转身离开了。老人数了数，钱数是没错，可一看信封，明显不是自己的钱。

后来，通过网友的接力搜寻，才找到了那个送钱的小伙子。原来，那个小伙子在朋友圈了解到老人的情况后，自己出了 1800 元，微信里的爱心网友也凑了一部分，这才凑够了 3360 元。怕老人不肯收，所以才假装捡到了老人的钱，也好让老人心安理得地收下。

也许有的人会说：“诚实是最宝贵的，只有讲诚信的人，才值得敬仰。”而我却认为，善意的谎言，有时更能彰显出人间大爱，不是吗？

和单位同事一起吃饭，酒后，一位同事满怀深情地跟我们讲了这样一个故事。小时候的他，家里很穷，偏偏他又是一个身体虚弱的孩子，有几次他甚至命悬一线，医生告诉他的父母，他必须得到好的营养，否则有可能夭折。于是，他的父母拼命地出去干活儿，挣来钱便为他买来许多诸如鸡蛋和鱼肉一类的营养品。闻着喷香的饭菜，他渐渐有了食欲，身体也逐渐强壮了起来。

只是，他很好奇，每次吃饭，父母除了吃素菜，从来没有动过盘子里的荤菜，面对他的疑问，父母的回答是："我们都是素食者，吃素好，可以活大岁数。"可恨的是，他居然相信了他们的话。一直到他大学毕业，他都从来没有看到父母吃过一顿荤菜。后来，他远离家乡，参加了工作，也有了一份不菲的薪水，每天大鱼大肉的他都吃烦了。

一次，他回老家看望父母，回到家里，才发现父母为他准备了一桌丰盛的鸡鸭鱼肉，他笑嘻嘻地对父母说："我每天吃荤，都吃腻了，这些鸡鸭鱼肉反正你们也不吃，不如我带回去，喂了我们单位的狗。"只听父母异口同声地说："别，你不吃，我们吃。"说着，他们立刻开始大快朵颐地吃起来。看着父母狼吞虎咽的样子，他惊呆了。

也是到这时，他才知道，他的父母假装不吃荤，整整骗了他将近 20 年。20 年啊！说着，他早已经泣不成声了。

看到这里，谁还能说谎言不是美丽的。善意的谎言，是友善，是真情，是温暖，是感动，也是人们心灵深处如花的绽放。就像假装捡到了老人钱的好人，假装不吃荤的父母……

最纯粹的幸福

在我的身边，一群名不见经传的小人物总是能走进我的视野，他们平凡着，幸福着，满足着，他们的酸甜苦辣、喜怒哀乐，一系列真实生动的生活场景无不闪烁在我们面前，让人倍感温馨。

住在我家对门的赵大妈，自从老伴儿去世后，心情一直很郁闷。为了让她开心，她的儿女们可没少费心思，要么抽时间轮流陪伴她，要么带她去散心。尽管如此，一个人在家的时候，赵大妈依然觉得很寂寞。可是，自从今年赵大妈学会了上网、迷上了微博，她整个人就变了，人开朗了，心情舒畅了，也不用儿女们整日陪伴自己了。只要有时间，赵大妈就会将自己的快乐心情通过微博向儿女们转达，比如她写:“孩子们，你们安心工作吧！不用挂念我。”“今天胃口特别好，吃过早餐后，在家又喝了一杯蜜水，吃了一个香蕉。”或者她写:“今天加入一个微博群，一问，原来大都是退休人员。我们年龄相当，有共同语言，不错！”“又认识了几个本地好姐妹，我们准备这个周末来个博友见面会。”看着赵大妈的生活越来越快乐，越来越幸福，她的儿女们也由衷地感到欣慰。

我的同学美琴，高中毕业后就进入了工厂，后来和一个工友恋爱结了婚，生活虽不富裕，但也过得去。可谁知前几年，经济危机，他们单位也不景气，夫妻双双下了岗。后来，他们分别找了一份临时工，但薪水微薄，再加上儿子正在读高中，所以家里基本上没有什么积蓄。这些年来，他们一直住在单位分配的小平房里，眼看着身边一个个邻居都搬进了新楼房，他们也只有羡慕的份儿。那天，她的儿子忍不住问他们:“我们什么时候也能离开这里，住进新楼房啊？”面对儿子的质问，他们夫妻也只能唉声叹气。可是，就在今年年初，他们突然接到所在社区工作人员的通知，让他们去办理廉租房手续。经过几个月的紧张办理，就在今年的6月份，他们一分钱没花居然住进了60多平方米的新楼房。那天，我们几个要好的同学去给他们家暖房，美琴对我说:“你掐掐我，看这是不是真的。”我告诉美琴说，这是真的。随即我看到她哭了，但我知道那是幸福的眼泪。

认识俊芳，是缘于本地晚报。事情是这样的，俊芳的爱人去年身患癌症，在花光了家里所有的积蓄后，离开了人世。后来俊芳一个人艰难地带着女儿勉强过着日子。然而，祸不单行，今年入春后，俊芳就开始一直高烧不退，身体也觉得不舒服，结果到医院一检查，立刻傻了，是胃癌。好在医生说是中期，必须马上做手术，否则后果不堪设想。可俊芳到哪里去凑这笔巨款啊！于是，俊芳在一个漆黑的夜晚偷偷溜出了医院，准备回家等死。在得知俊芳家里的情况后，一个好心的记者将俊芳的情况通过当地的晚报报道了出来，于是，一个个爱心人士迅速向俊芳伸出了援助的双手，只几天工夫，就为俊芳捐了3万多元，再加上一位个体老板捐出的2万元，这下，俊芳总算有救了。也是到这时，我才知道原来俊芳就住在离我家不远的一个小村庄里。那天去看望俊芳，俊芳说她的身体现在恢复得非常好，并一再感叹着生在这个社会她感觉很幸福！等她身体完全康复了，她要用自己所有的力量来回报这个社会。

幸福是什么？有人说，幸福是自己内心快乐的体验；也有人说，幸福是酸甜苦辣的交响曲。而身边一个个小人物用他们的切身经历为我们诠释了人间最纯粹的幸福观。

快乐是一张美丽的糖纸

有人问，快乐是什么？快乐是精神上的一种愉悦，是一种心灵上的满足。快乐好比一只蝴蝶，你若伸手去捉它，往往会落空；但如果你静静地坐下来，它反而会在你身上停留。其实，只要你降低自己的期望值，快乐有时候就是一张美丽的糖纸。

在我的书房里，便收藏着很多糖纸，虽然它们“貌不惊人”，但却像快乐的源泉，滋润着我的心田，使我平淡的生活增加了亮色。

小时候，生活水平普遍低下，吃糖果，除非逢年过节，或者生病吃药时才能如愿。于是，吃完糖，那些花花绿绿的糖纸便舍不得扔，抻平了，把它们夹在书本里，越攒越多。空闲的时候，把玩糖纸便成了我的娱乐节目。

有一次，我忍不住把糖纸带到学校里去显摆，可把同学们给羡慕坏了。有几个同学围过来向我索要糖纸，我可舍不得把我的宝贝给他们，同桌说：“真小气，以后不跟你玩了！”果然，放学后，同学们谁也不理睬我了，不理就不理吧，反正我有糖纸玩。

回家的路上，一棵红粉粉的桃树吸引了我，因为我出生在桃花盛开的季节，对桃花有一种天生的喜爱，所以我随手把糖纸本放在了一块石头上，想采摘几枝桃花拿回家插到瓶子里。可是，采完桃花，竟然把糖纸本的事情给忘记了。等回到家里，突然想起了我的糖纸本，我一路飞奔着回到采桃花的地方，可哪里还有糖纸本的影子。我立刻坐在地上大哭起来，要知道那可是我花了几年的时间收藏的快乐啊！失去了糖纸就意味着失去了快乐。可是哭了半天，我的糖纸还是没有回来。也许我的糖纸再也不会回来了，一想到这，我就伤心极了。

回到家里，母亲看到我哭过的样子，笑着问："女儿，今天有什么不开心的事情吗？"母亲的话又勾起了我的伤感，我又开始哭了起来，对母亲说："妈，我的糖纸全丢了。"母亲嗔怪道："你啊，就是太粗心，你不仅丢掉了糖纸，还丢掉了和同学的友谊是不是？"我怔怔地望着母亲，母亲接着说："你的同桌来过了，他捡到了你的糖纸本，他说很喜欢你的那些糖纸，可是他还说，那些糖纸是你的快乐，如果你找不到它们一定会很伤心的，所以他就把糖纸本赶紧送回来了。"那一刻，我突然懂得了比糖纸更珍贵的东西。

第二天，我把糖纸再次带到了学校，分给了那些喜欢糖纸的同学，并且和大家约定，一起收藏糖纸，看谁收藏得又多又好。在那个贫乏的年代，一张小小的糖纸仿佛就是一个快乐的小天地，让我们那颗小小的心灵充满了无比的愉悦。

或许我收藏的这些糖纸并不珍贵，但在那些花花绿绿的寄托里，我却体验到了一种无与伦比的快乐。其实人生亦如此，虽然只是平平淡淡的生活，努力过，奉献过，也能活出人生的价值。

那一晚的月亮格外圆

那一年，宇航大学毕业，一个人踌躇满志地登上了通往深圳的列车。来到深圳，看够了高楼大厦、灯红酒绿，工作上的四处碰壁，使宇航真正体验到了打工者的艰辛，他开始变得心情烦躁、心灰意冷，美丽的深圳在他的眼里也开始黯然失色。身上的钱所剩无几，他只好暂时租住在一间仅能放下一张单人床的斗室里，白天做些体力活儿，晚上孤寂一人疲惫不堪地躺在床上流泪。

“每逢佳节倍思亲。”转眼，中秋节到了，宇航疯了似的思念家乡的亲人，他想起了每年的这一天，都是和亲人在一起团聚。而今年，却身在异地，举目无亲，都说“男儿有泪不轻弹”，可他的眼泪还是又一次止不住地掉了下来，想想自己现在的处境，更加黯然神伤。躺在那间斗室里，他开始打退堂鼓，不停地想家，想念妈妈。

这时候，虚掩的门轻轻开了，月光下，一个扎着两条牛角辫的小女孩出现在了他的面前，手里还拿着一块月饼，怯怯地对他说：“叔叔，中秋节了，吃块月饼吧。”原来小女孩就住在隔壁，父亲也是出来打工的。

接过小女孩的月饼，宇航哽咽着一句话也说不出来。小女孩像看透了什么似的对他说：“叔叔你一个人很难是吗？你想家了是吗？你想你的妈妈了是吗？”小女孩一连串的问号，使宇航更加伤感。“叔叔，我也有过难处，我也想我的妈妈。”“你的妈妈？”“是的，我的妈妈到天堂里去了，在我很小的时候就离开了我，妈妈临走的时候告诉我：‘今后无论遇到多难的事情，就看看天上的月亮，妈妈会在月亮里看着你，祝福着你！’叔叔，你是男生你不可以哭的，无论多难你都要学会坚强。”这时，小女孩的眼里已噙满了泪水，“叔叔，我们一起出去看月亮吧！”

也许是中秋的缘故，那一晚的月亮格外的圆，也格外的亮，月光很快温暖了宇航的心。望着柔柔的月亮，宇航仿佛看到了妈妈慈祥的脸，看到了他临行前妈妈鼓励的目光。那一刻，宇航打消了回家的念头，决定不混出个人样来誓不罢休。

从此，每当遇到困难的时候，他就会想起小女孩的话，想起那两条倔强的牛角辫，想起那晚的月亮，是它们支撑着他在深圳一步一步艰难地走了下去。终于，宇航的工作开始有了起色，从春夏到秋冬，从严寒到酷暑，从苦力到带班，从带班到经理，他的工作越来越有起色。

多年后，在深圳，宇航有了自己的公司，小女孩也变成了亭亭玉立的女大学生，毕业后做了他公司最得力的助手。落落红尘，因为有了小女孩的相伴，宇航终于实现了自己的理想，是那晚的月亮，也是月光下的牛角辫带他走进了成功的殿堂。

有一种爱叫友谊

真是意想不到，去A市出差，那天，在大街上居然碰到了小芳。纵然我们已经有二十多年没见面了，我还是一眼认出了她。老友相见，自然分外感动，我们拥抱在一起，不觉泪水已挂满脸。

二十多年前，我和小芳便结下了深厚的友谊。那时候，我们同住在一个家属院里，小芳不仅仅是个大姐姐，还是我们的孩子王，每天召集我们在一起唱歌、跳舞、做游戏。不过，我最喜欢缠着小芳给我讲故事，每次我都会听得很专心、很认真。那时候，我很好奇小芳怎么会有那么多好听的故事，于是，我便不停地问小芳:“故事是从哪里听来的？”小芳告诉我:“是从书里看到的。”也许，就从那时起，我开始喜欢上了读书，喜欢上了想象。

那时候，没有电视，没有娱乐场所，和小芳在一起，我们玩的游戏多半是丢沙包、跳绳和踢毽子，只是偶尔，我们也会像野小子一样调皮地去爬爬墙。

记得在一次爬墙头时，由于我胆怯，走在一人多高的墙头上，感觉就像是走钢丝一样左右摇晃，终于，我飘摇着从墙头上重重地摔了下来。小芳吓坏了，抱着我一个劲儿地喊我的名字，直到我慢慢地睁开了双眼，我看到，小芳的眼泪唰地流了下来，那一刻，小芳紧紧地把我抱在了怀里。

上小学时，在一次放学的路上，几个男生欺负我，正好被小芳撞到，小芳上前大喝一声："你们谁要想欺负我妹，小心我的拳头！"说着，举起拳头便挥舞起来，那几个男生愣是被小芳给吓跑了，而我从那时起，对小芳有了更深厚的感情。

转眼一年又一年，眼看着小芳越发出落成一个美丽的大姑娘，她端庄、秀丽，尤其那两道像柳叶一样弯弯的眉毛，非常惹人喜爱，可我却为此开始忧心忡忡，生怕哪个男生看上小芳，抢走我亲爱的小芳，我曾悄悄地把我的担心告诉了她，她听完后，笑啊笑啊……笑得花枝乱颤，笑得眼泪横飞，然后极其认真地对我说："我们谁也不嫁人，我们永远在一起！"

然而，在一个阳光明媚的日子，小芳还是嫁给了远方一个英俊的小伙子。记得小芳走的那天，她对我说："虽然我们以后天各一方，但友谊永远地久天长。"听了小芳的话，我居然没有哭，而是在心里默默地为小芳祝福着。后来，小芳偶尔回娘家时，我们也曾见过几面。再后来，由于我们都几经搬迁，我便再也没有见到小芳。直到今天再次相遇，这真是老天对我们的眷顾啊！

红尘之中，总是有太多的悲欢离合，在扬起的灰尘之中，总有一些熟悉的场景会让人觉得莫名感伤。是的，人生既漫长又短暂，拥有一段地久天长的友谊，真的死亦无憾，因为那是我们的友谊——怎能忘记旧日朋友，心中能不怀想，旧日朋友岂能相忘，友谊地久天长。

第五辑

藏在心灵深处的爱

亲情是一股涓涓细流，给心田带来滋润；亲情是一缕柔柔的阳光，使心灵感到温暖；亲情是人类永恒的主题，陪伴着我们走过每一个难忘的日子，谱写着我们多彩的人生。

奋不顾身的母亲

母爱，是人世间最伟大、最高尚、最无私的爱。她没有豪言壮语，没有慷慨激昂，可是每当她的儿女遭遇危险时，她们总是以最快的速度奋不顾身地挡在儿女的前面，哪怕献出自己的生命。

这是刚刚看到的一则新闻。她是新加坡的一位全职妈妈，那天，和往常一样，她去学校接两个放学回家的女儿，一路上，母亲左手拉一个，右手拉一个，俨然女儿的保护神一样。走到一个路口准备过马路时，母亲更是小心翼翼地紧紧攥着两个女儿的手，但危险还是突如其来。不知道什么原因，一辆转弯的汽车突然加速，从她们侧面像猛虎野兽般向她们扑来。那一刻，母亲几乎连思考的余地都没有，就立刻用力推开了女儿，但她却瞬间被涉事汽车的引擎盖撞到了，最后跌倒在地。

事后，一名司机的记录仪记录下了事故的全过程，两个女儿毫发无损，但母亲却遭到汽车撞击。看到视频后，无数网民纷纷为这个勇敢的母亲所感动，并为之点赞。

这是在我们当地发生的一个真实故事。有这样一位母亲，她的两个女儿就睡在她隔壁的房子里，那天，因为停电，12 岁的大女儿和10 岁的小女儿因为怕黑，在床边燃起了一支蜡烛，蜡烛燃尽时，却引发了一场火灾。当母亲发现时，她一个箭步就冲进了浓烟滚滚的屋子，终于，母亲发现了蜷缩在墙角的哇哇大哭的一对女儿，这时，门口因火势过猛已经退不出去，母亲只好把一人多高的窗子打开，用力将小女儿举了出去，当举起大女儿时，因烟熏得令人窒息，母亲已没有了力气，但母爱还是给了妈妈最后的力量，终于把大女儿也奋力举了出去。

当闻讯赶来的救火队员扑灭大火后，人们看到，母亲被烧焦的身体，依然是双臂上举的姿势。

也曾看到过这样一个故事。他们生活的村落旁边，有一条蜿蜒曲折的小河，每当夏汛来临，河水就开始猛涨，这时，母亲便一再告诫儿子，千万不要到河边去。可是，水，对于孩子们的诱惑太大了，稍不留神，便有几个孩子偷偷到河里去游泳。那天，他和几个小伙伴又来到了河边，除了每次放一个在岸边看衣服的孩子外，其他孩子都在水浅的地方学游泳，憋气、打水，将整个身体漂浮在水面上，手脚并用不断地来回扑腾，玩得好不尽兴。突然，不知谁喊了一声，敢不敢到水深的地方去玩？一句话，小伙伴们便纷纷向河中间游去。其实，他游技不佳，但怕落㞞，随即也紧跟着他们游了过去，来到河中间时，他突然一脚踩空，身体开始下沉，尽管他手脚用力地扑打着，但也无济于事。挣扎中，岸边看衣服的孩子发现了险情，急忙跑到村里大喊着：“救人哪，有人掉河里了！”他的母亲听到喊声也急忙跑了出来，看衣服的孩子告诉她，正是她的儿子掉进了河里。她疯了似的一口气跑到河边，一头就扎进了水里。

其实，母亲并不会游泳，后来还是及时赶到的村民们救了他们母子，但当时的情况根本容不得母亲考虑什么，为救儿子母亲毫不犹豫就跳进了河里。

人世间的母爱有多种，而奋不顾身的母爱则最美丽、最高贵、最博大、最永恒。

阳台上的守望

自从父母退休后，两个人平时就是看看电视、养养花，一起安享着晚年，我们这些做儿女的倒也省心。不料，前一段时间，弟弟不小心摔伤了腿，母亲便去弟弟家照顾他。因为最近几年父亲血压有点高，留他一个人在家我也不放心，所以，便把父亲接到了我家里来住。

本来，把父亲接来是为了照顾父亲，可是，由于单位人事变动，把我从重要岗位调到了普通职位，我一时想不通，觉得很栽面子。从那以后，我的情绪便十分低落，整日无精打采的，人也瘦了一圈。这一切，父亲看在眼里，疼在心上，父亲安慰我说："换个普通工作也好，省得整天忙得不着家，总有一天会累坏的，这下好了，以后你可以早点儿下班回家了。"听了父亲的话，我不耐烦地对父亲说："爸，你懂什么啊！"说完，我转身进里屋去了，身后传来了父亲深深的叹息声。

那些日子，我躲闪着熟人同情的目光，人也变得沉默寡言了，下班后只想着回家。每次走到楼下，无论回来早还是晚，我都会发现父亲站在阳台上，不停地张望着，每次看到我的身影便立刻把眼光调开，不是装作看天，就是开始侍弄阳台上那几盆花，我知道父亲是在为我担心，可我心里一时半会还是咽不下这口气。

也许，时间是治愈伤口的良药吧，大约过了一月有余，父亲和我虽然都没再说什么，但我的心里却发生了微妙的变化，我对变动工作那件事情也渐渐地想开了。那段时间，每次下班回来，看到阳台上的父亲，我的心里总会有一种暖暖的感觉。我开始每天渴望着回家，以便第一眼看到阳台上的父亲，感受着那浓浓的亲情。

一次，下班时碰到一位熟人正步行回家，此时的我，也不再刻意躲避什么，所以我主动提出骑电动车把她送回家。把她送到家门口时，出于礼貌，她邀请我去她家喝茶。结果从她家出来，再回到小区门口时，比平时晚了半小时。走到楼下，我下意识地朝阳台上看，却没有看到父亲的影子，突然，一种不祥的感觉袭上我的心头，父亲患有高血压，本来该我照顾父亲的，没想到一直以来却让父亲为我操心，父亲不会因为等不到我而心急犯病了吧？想到这，我三步并作两步往楼上跑，打开门我就开始喊：“爸！爸！”却没有人应答，我吓得腿都开始发起抖来，一个屋子一个屋子开始找父亲，却还是没有父亲的影子。父亲能去哪里呢？

我这才恍然想起，平时回家都是从东向西，因为今天送人，所以我是从西向东回的家，父亲一定是等得太久了，而我也没有给父亲打个电话，所以父亲肯定是按着以前的路线去接我了。想到这里，我急忙跑出小区门口，向着我平时下班的方向一路找了过去。大约走了一半的路程，我看到了我那可敬的父亲，他正迈着蹒跚的步子一边走一边四处张望着，望着父亲的背影，我的眼泪不争气地流下来。

我跑过去，紧紧地拉着父亲的手，就像小时候，他拉着我那样，一步步走回家，那是温暖的家，也是守望幸福的家。

过年的新衣

小时候，过年最高兴的事莫过于穿新衣服了。去亲戚朋友家串门听着大家对我新衣的称赞，心里别提有多高兴了。可那时，生活水平低下，父母每月的工资加起来满打满算也不过 50 多元，平日里勉强能够我们吃喝，根本没有多余的钱给我们买新衣服穿，所以过年穿新衣服的机会便显得弥足珍贵。

记得那年的冬天，父亲的胃病又犯了，整个冬天都要靠药物来维持，所以那段时间我们家的生活特别紧巴，往往不到月底家里的面缸、米缸就空了，吃饭都成了问题。一直到了年底，眼看就要过年了，母亲却还是没有给我买新衣服的意思。

于是，我三番五次地问："妈，你什么时候给我买新衣服啊？"每到这时，母亲总是显得很无奈，可每次都会答应着我："过几天就买。"转眼就到了腊月二十九，我的新衣服依然没有着落。我开始哭闹，一边哭一边喊着："我要新衣服。我要新衣服。"一旁的奶奶看到这阵势，急忙把我拉出去，数落着我说："你这孩子真不懂事，家里的钱还不够给你爸买药呢，哪有闲钱给你买新衣服啊！"我大哭着说："我不管，反正过年我要穿新衣服。"

到了三十这一天，我依然吵着跟母亲要新衣服，母亲一反以往的无奈，坚定地对我说：“你等着，过年我一定会让你穿上新衣服的。”说着，母亲就出门去了。等到天黑，母亲兴高采烈地进了家门，只见母亲一手拿着一块花布，一手还拎着一些瓜子和糖。我的心里立刻乐开了花，觉得母亲真有办法，这下过年终于可以有新衣服穿了，便趴在母亲旁边的炕沿上，看她是如何做新衣的。

接下来，母亲顾不上吃晚饭，便将花布铺展开来，用软尺先在我身上量好了尺寸，再用画笔在花布上画出衣服的轮廓，然后用剪子沿着画线“喀嚓喀嚓”地剪起来。等做完了这一切，母亲又开始用缝纫机给我缝制新衣。从没有想过，缝纫机“哒哒哒”的声音原来竟如此美妙，简直就像一首动听的乐曲。在这美妙的乐曲声中，不知不觉我居然睡着了。

当黎明的炮声把我从睡梦中惊醒时，已经是大年初一了，睁开蒙胧的睡眼，一下便看到了枕头边上放着的新衣服，马上跳了起来，顿觉欣喜若狂。我急忙穿上新衣服，在镜子前面照了又照，不大不小正好。于是，我迫不及待地出门找小朋友们去炫耀，并和他们一起玩耍做游戏去了。

等我在外面玩够了回到家，却发现家里的气氛有点不对劲，奶奶急忙走上前来对我说：“快去看看你妈吧，你妈晕倒了。”我一听，吓坏了，急忙跑到母亲的床前，哭着问：“妈，你怎么了？”这时母亲微微睁开了眼睛，说：“可能是累了，休息一下就好了。”后来，我从奶奶的口中才得知，原来，母亲为了我能够穿上新衣服，居然去石料厂拉了一天的车，那是只有男人才干的活儿，再加上三十晚上赶着给我做新衣服，结果初一那天就晕倒了。

长大后，我曾责怪母亲："为什么当初要去做苦力？"母亲说："如果那年你没有新衣服穿，那将给你的童年带来多么大的遗憾啊。"母亲的话，让我泪流满面。

一晃几十年过去了。如今，人们的生活越来越富裕，日子越来越红火，小孩子平时穿的衣服和过年不再有什么区别。然而，我却始终忘不了那个苦难而温馨的童年。

爱在如花的岁月里

在我家的客厅和卧室里，总是摆放着几盆盛开的鲜花，那金色的黄、玫瑰的红、纯色的白，点缀得家里春风骀荡，四季芳香。每每有邻居来我家串门，都会对那些花儿赞不绝口。其实，这全是母亲的功劳——那些花儿全都是母亲精心培育的。

母亲一生没有什么爱好，唯独喜欢养花。童年的时候，我们住在家属院的小平房里，院子虽然不大，却种满了各种各样的花草，月季、秋菊、玻璃海棠、指甲草、文竹、吊兰等。走进小院，一股淡淡的香气扑面而来，沁人心脾，惹得左邻右舍都喜欢往我家里跑。母亲爱花，却毫不吝啬，但凡有邻居看上哪盆花，母亲都会爽快地送给他们，这使得母亲在家属院里人缘也特别的好。

曾多次目睹母亲养花的过程，浇灌、培土、施肥、移植、剪枝等，非常烦琐，可母亲却一丝不苟、不厌其烦地从事着每一道“工序”，仿佛她侍弄的并不是什么花，而是她心爱的儿女。

有一次，一盆月季生了病，叶子泛黄且无精打采。我问母亲：“这盆月季害病了，扔掉吧。”母亲拦住我说：“这盆月季还有救，我换上新土试试。”于是，母亲让我打下手，给月季换上了新土。而后的几天里，母亲像照顾病人一样给这盆月季浇水、施肥，把它放在向阳之处。像是回报母亲似的，几天的工夫，那盆月季便舒展开了绿油油的叶子。那泛着新鲜色泽的叶子，映着母亲喜滋滋的脸……

母亲爱花，在她的眼里，我们姐弟几人便是她的玫瑰、她的月季。有一次，由于顽皮，我和家属院的小朋友们在爬墙头时摔了下来，脸擦破了皮，殷红的鲜血流下来，我捂着脸哭着跑回家，母亲见了急忙找出药水、药棉，用她那温软的手，细心地为我擦拭着，那心疼的表情深深地镌刻在我的脑海里，也就是从那一刻开始，我真切地意识到：母亲一直在精心地培育着我们。

母亲的那些花儿，给我的童年带来了无穷的乐趣。其中，最大的乐趣莫过于母亲给我梳头时，采下两朵或红或黄的小花，扎在我的两条小吊辫里，当我摇晃着小脑袋到处显摆时，把小朋友们羡慕得两眼喷火。指甲草开花后，母亲会把那些花瓣一片片地摘下来，放到一个石臼里，加上白矾捣成花泥，再到附近的地里摘几片蓖麻叶子，晚上睡觉前，母亲小心翼翼地用那些花泥，把我的手指包扎好，第二天我便拥有红彤彤的手指甲了。

童年，我就是在母亲培植的花草香气中度过的。后来，我们家搬到了宽敞明亮的楼房，我也逐渐长大，直至为人妻为人母。如今的母亲已进入了暮年，可她的爱花情愫依然如故，每当花开时节，母亲总会变换着给我送来几盆新鲜的花儿；每当我在生活的舞台上倦了、累了，或者遇到了坎坷挫折，那些花儿就像母亲陪伴在我的身旁一样，为我轻轻地抚平一切，让我的心像花瓣一样重新舒展开来……

最珍贵的遗产

不知不觉奶奶离开我们已经很多年了。然而，奶奶的音容笑貌，奶奶的至爱至善，却时刻清晰地印在我的脑海里。

奶奶命途多舛。十二岁的时候，奶奶没了爹娘；三十岁那年，因无钱给孩子看病，奶奶又接连失去了两个儿子；四十多岁时，爷爷因病也去世了。面对人生的三大不幸，奶奶拉扯着她唯一的儿子——我的父亲，一步步艰难地挺了过来，后来，奶奶又把所有的爱转到了我们身上。

小时候，父母工作忙，照顾我们姐弟几人的任务就落在了奶奶身上。为了让我们安心读书，奶奶从不让我们做家务。一次，看到奶奶病了，我主动要求帮助奶奶，可奶奶说："你们现在的主要任务就是学习，只要你们学习好了，我就是苦点累点心里也开心。"直到奶奶晕倒住进了医院，奶奶还不忘让我们好好学习。

奶奶就是这样地疼爱我们。记得有一次，放学的路上，我被一辆自行车撞倒了，而骑车的人却逃跑了。闻讯赶来的奶奶吓得面如土色，问我伤到了哪里，我说："腿，就是腿疼。"奶奶俯下身子，非要背我上医院。可是看着奶奶那双小脚，我执意不肯让奶奶背。奶奶好像看出了我的心思，说："上来吧，别看奶奶是小脚，可是力气大着呢。”说着，奶奶就把我背了起来。伏在奶奶的背上，我的心里感到一阵温暖。

那是一个秋日的午后，天突然下起了雨，等到放学的时候，雨丝毫没有停下的意思，眼看着同学们一个个都被接走了，而我的父母因为上班不能来接我，我蜷缩在教室前的屋檐下，寒冷、孤独、无助的我多么希望父母此刻能出现在我的眼前啊！天渐渐暗了，就在我准备要冒雨回家的时候，突然，一个蹒跚的身影缓缓向我走来，原来是奶奶。风雨中，奶奶右手撑着一把油纸伞，左手一件厚厚的衣服紧紧地抱在怀里，而身上早已被雨水打湿，看到奶奶的一刹那，我突然泪流满面。奶奶赶紧给我穿上厚厚的衣服，帮我擦干泪，风雨中搂着我一起向家走去。

最难忘的是奶奶的善良。那时，我们家还很穷，可是我发现每隔一段时间，总有要饭的婆婆或者老爷爷讨上门来。每次，奶奶总是把家里仅有的干粮拿给他们。这还不算，一次，门口又来了一位衣衫褴褛的老妇人，奶奶把家里的干粮拿给她后，告诉她让她等等，不一会儿，奶奶从屋里出来，手里拿着她平时都不舍得穿的衣服递给了老妇人，让她赶紧穿上。为此，我们姐弟几人很不解，问奶奶：“为什么啊？”奶奶说：“你看她衣服那么破，风一吹多冷啊！做人就要有一颗爱心，要学会体谅别人，与人为善，将来才能立足社会。”奶奶的谆谆教导，我至今铭记在心，以至于每当看到身边的人有什么困难时，我都能及时伸出援助的手。

可是，十几年前的那一天，我正在单位上班，突然接到一个电话，说奶奶病了，脑溢血，已被送进了急救室。这怎么可能呢？奶奶身体一向都很硬朗，虽然她已是八十岁的高龄了，仍然每天坚持锻炼身体，怎么可能会病了呢？可当我走进医院时，奶奶因抢救无效而永远离开了我们。望着奶奶慈祥而安详的面容，我不禁失声痛哭。

虽然奶奶永远地离开了我们，但奶奶却为我们留下了最珍贵的遗产，那就是让我们懂得了人世间的至爱至善。

最怕找不到你的人

手机停机了，因为上班时间不允许外出，所以没有来得及给手机充值。半天下来，没有电话、短信，我的世界仿佛清静了许多。

自从有了手机，似乎耳朵就没有安静过，多少次被它困扰着。有时，你正忙得不可开交，它总是不合时宜地铃声大作，让你无可奈何。

这下好了，手机停机了，一切仿佛回归到没有手机的时代。那久违的安静，突然让我很向往，干脆暂时不去续费，也好让自己享受几天悠然的日子。等我做好了决定，却又突然想起，那几个经常给我打电话的闺蜜，她们会不会因为找不到我而焦急？要知道，我说的闺蜜绝不等同于普通的朋友。

说起闺蜜，她们可是我的好姐妹，而且我们经常通电话，想来有人打不通我的电话的话，肯定会给我充值的。

岚是我的发小儿，这么多年我们一直保持着密切的联系，参加工作之后，我们的电话更频繁了，几乎一天一个。萍是我在一个朋友的生日聚会上认识的，第一眼见到萍，我们便心有灵犀地相视一笑，那种彼此的好感，让我觉得人与人之间的缘分真的很奇妙，后来，我和萍成了无话不谈的知己。丽则是我朋友里最漂亮的一个，比我小5岁，是我同学的妹妹，丽得知我偶尔有几篇文章被报刊登载后，便成了我的“铁杆粉丝”，这也是我有生以来唯一的粉丝，所以，丽常常给我打电话，问我是不是又有什么新作发表。

想着想着，心突然莫名地期待起来，多希望通过手机充值，来验证我在她们心中的位置。

可是，等待了一天的手机充值短信，直到下班也没有来。我不甘心，又等了一天，却依然在失望中度过。第三天的时候，随着手机“叮咚”一声，我急忙打开短信一看，居然有人为我的手机充值了100元，究竟是我的哪位好友呢？

带着激动，第一个电话我打给了岚，岚一接电话就抱怨说：“祖宗，你的手机总算通了，这几天害得我给你打了十来个电话也找不到你……”第二个电话我打给了萍，萍也反应激烈地说：“真够可以的，好几天也接不通你的电话，干吗呢？想省钱啊？”第三个电话我打给了丽，丽倒是不急不躁：“姐，忙什么呢？手机也不去续费……”

就这样，一连又打了几个电话，也没有找到为我手机充值的人，这让我怅然若失，难道是谁充错了？正在我纳闷之时，一个电话打了进来，我一看，是家里的电话，我连忙接听。只听母亲在那头焦急地说：“英子，你没事吧？”我说：“我没事啊。”母亲说：“没事就好。昨天给你打电话你手机停机了，心想你可能很快就会充值，谁知后来一直都是停机，我和你爸心里不踏实，总怕你会有什么事，就急忙让你爸去给你的手机充了值。”“啊？原来给我手机充值的人是你们啊？”我惊讶地问。母亲说：“是啊！这不，刚才给你打电话一直占线，这下我们总算放心了……”母亲的话让我心里觉得很惭愧，一直以来，在我的心里似乎很少惦记父母，而父母却始终惦记着我。

接完母亲的电话，我一时感慨万千，原来，在这个世界上，会为你手机充值的人，是那些最爱你的人，只有他们才是最关心你、最怕会找不到你的人。

牵挂是一种忧伤的幸福

每天下班回家，我和儿子总是轮番趴在电脑前，那痴迷程度可想而知。

一次，母亲用好奇的语气问："电脑里面到底有啥好东西啊？看把你们俩迷成什么样子了。"我随口对母亲说："您不上网您是不知道，网上可是别有洞天呢！你可以和远在天边的人聊天，也可以和远在天边的人视频，也就是说你能看到远在天边的人呢！"母亲有些兴奋地问："真有这么神奇啊？""那当然了。"

一天晚上，我在上网聊天，发现母亲一直站在我的身后，于是，我问母亲："妈，有什么事吗？"母亲吞吞吐吐地说："英子，你能教我学电脑吗？我也想上网聊天。"我惊讶极了，母亲都这么大年纪了，没想到母亲也想上网聊天，但我还是很爽快地回答母亲："好的，我来教您上网。"于是，我告诉母亲怎样打字，怎样浏览网页，又为母亲申请了一个QQ，好在母亲还有点文字功底，很快便学会了这一切。

上线后，有网友开始找母亲聊天，可母亲却并不回复他们，我奇怪地问母亲："您不是要上网聊天吗？怎么不理人家呢？"母亲说："我只是想和你小舅聊聊，两年多没见他了，我是想看看他的模样啊！"原来如此，我说母亲怎么突然想起要上网聊天呢？

虽说小舅是母亲的弟弟，但小舅和母亲的年龄相差将近 20 岁，而小舅从小到大都是由母亲一手带大的，情如母子。两年前，小舅到南方去打工，发誓不混出点儿人样誓不还乡，所以母亲对小舅总是念念不忘，一直牵挂着。

于是，我暗地里给小舅打通了电话，要了小舅的 QQ，然后帮着母亲接通了耳麦和视频，终于，小舅的模样在视频里显示出来了。这时，母亲激动地对小舅说："小弟，姐总算看到你了，你在外面还好吗？"小舅急忙对母亲说："姐，我好着呢！"母亲又接着问："生活怎么样？吃饭还习惯不？"小舅说："姐，一切都很好，放心吧！"母亲突然泪流满面地说："小弟，别再骗姐了，看你现在都瘦成什么样子了，说什么在一家大公司上班，上次跟你一起在外打工的军子，回来后跟英子说起你的状况时我都听到了，你在外给人做苦力，还生了一场病，你咋不告诉姐姐啊！"这时，视频里的小舅也开始哭了，说："姐，小弟不想让你担心啊！"母亲用手擦了一把泪说："小弟，姐知道你在外面不容易，姐不想你挣多少钱，也不想你有多风光，姐只希望你平安快乐。如果不想让姐担心，那就快回来吧！姐好想你啊！"……

听着母亲和小舅的聊天，我的心里也暖暖的，纵然隔了万水千山，却隔不断那浓浓的亲情。原来牵挂如此的忧伤，却又感觉如此的幸福。

谁言寸草心

那天，在母亲家吃过晚饭后，母亲说:“今晚别回去了，就住在这里吧。”我一边洗碗，一边应承着说:“好。”等看完电视准备睡觉的时候，母亲端到客厅一盆热水，坐在沙发上开始洗脚，母亲一边洗一边说:“人老了，腰都弯不下去了。”听了母亲这句话，我开始仔细观察起母亲来。原来，不知道从什么时候开始，母亲的头发全白了，动作也变得迟缓了，母亲真的老了。

看着母亲笨拙的样子，我有点于心不忍，急忙来到母亲身边，对母亲说:“妈，让我来给您洗脚。”母亲立刻惊恐地说:“不不，我的脚太难看了，不用你给我洗。”我坚定地对母亲说:“妈，小时候一直是您给我们洗脚，如今您老了，就让女儿给您老人家洗洗脚吧。”我不由分说就把母亲的一双脚强行放进了水盆里。

从未曾想过，母亲的一双脚却是这个样子。多年的劳苦，使母亲曾经纤细的双脚变得干裂、粗糙，厚厚的老茧充斥着整个脚底板。母亲的脚深深地刺痛了我的双眼，轻轻地搓洗着母亲的双脚，那些过往的情景又开始在眼前不停地浮现。

小时候，便懂得母亲上班很累。为了养活一家老小，本来单位给母亲分配了一份轻闲点儿的工作，可母亲为了多挣几块钱，主动到生产第一线。那时，母亲每天像个男人一样，来回不停地拉运原料，一双脚总是肿得跟面包似的。每当一瘸一拐的母亲回到家里，我总是心疼地对母亲说：“妈，您别上班了，看您的脚都肿成什么样子了！”母亲总是慈爱地抚摸着我的头说：“傻孩子，妈不上班，你们吃什么穿什么啊？”

7 岁那年，不懂事的我由于顽皮，摔伤了腿，为了让我得到最好的治疗，母亲四处打听，终于为我找到一个声誉很高的大夫。那天早晨，母亲背着我，穿街过巷，不停地走着，那条路好漫长啊。我伏在母亲的背上，不解地问：“怎么还不到啊？您的脚走得累不累啊？”母亲一只手扶着我，一只手擦着汗说：“好孩子，妈不累，不远了，就快到了。”一直快到中午的时候，我们才来到了大夫的诊所。想想还有回去的路，我便很好奇，母亲的一双脚怎么那么神奇？怎么可以走那么远的路？

13 岁那年，我考上了离家 5 公里外的重点中学，那段时间我一直在住校。有一次周末回家，吃着母亲精心做的饭菜，我随口对母亲说：“学校的饭太难吃了，还是妈妈做的饭好吃。”之后，这件事情我就忘记了。一天，在学校里，我正准备去食堂打饭，有同学对我说：“快到学校门口去吧，你妈妈来给你送饭了。”我急忙跑出去，母亲手里果然捧着热乎乎的饭盒。那时候，公交车还不方便，于是我问母亲：“妈，您是怎么过来的？”母亲微笑着说：“我步行过来的，还有，妈以后会经常来给你送饭的。”那一刻，望着母亲一双厚实的大脚，我的心里充满了感动。

母亲从来没有喊过累，那双脚不停地在为我们奔波着。渐渐地，我们长大了，成家立业了，母亲又开始帮我带孩子。孩子学走路那阵，母亲每天拉扯着孩子，那双脚就像旋转的陀螺，永不停息地走来走去。母亲的双脚，正是多年的劳累，才有了如今这般的光景。

在人生的旅途中，是谁给予你最真诚、最亲切的关爱？在你举步维艰时，又是谁给予你无私的奉献？是母亲。“谁言寸草心，报得三春晖。”母亲，就是来世我们也报答不完您的恩情。

藏在心灵深处的爱

86岁的姥姥突然病了，人也变得糊涂了。那天，去看望姥姥，姥姥连我也认不清了，看着姥姥被病痛折磨的样子，我的心隐隐作痛，泪眼模糊中，我想起了小时候住在姥姥家里的情景。

姥姥生活在一个美丽的小村庄，村后有一条潺潺的小溪，村中有数不清的红枣树。姥姥家那间青砖灰瓦的老屋，就掩映在一片青翠的红枣树林里，院子里还养着几头憨厚可爱的猪。

儿时，只因为听过一首歌谣里唱“小外甥，乖乖地，姥姥家，串亲戚”，所以便一直吵着闹着要去姥姥家。于是，忙碌的母亲便托人把我送了过去。

但我一直觉得和姥姥之间的感情很淡薄，因为姥姥从来都没有好好地疼过我，抱过我。记得有一次，我独自一人在姥姥家的大院子里玩耍，不小心摔在了坑洼不平的院子里，衣服脏了，手也磕破了，我哭喊着“姥姥！姥姥！”正在喂猪的姥姥闻讯后赶了过来，我多想扑在姥姥的怀抱里撒撒娇啊！可姥姥只是对我冷冷地说：“让你再疯玩，让你再疯玩，自己起来。”那一刻，我委屈极了。

记忆中的姥姥，甚至从来没有给我讲过故事，只是在吃饭的时候扯着尖细的嗓子训斥我："看你都快成泥猴了，自己洗手去。"那时，我曾恨恨地想："我还没有猪圈里那几头猪招姥姥喜欢呢。"

那时，每天天刚亮，姥姥就开始忙着给那些猪弄猪食，然后"啦啦啦……"地唱个不停，声音清脆而洪亮。我还清楚地看到过，姥姥曾笑容满面地对那些猪说："宝贝！多吃点，吃饱了好快快长大。"我常纳闷，姥姥何时对我唱过这么动听的歌？对我有过笑容？更可恨的是，等那些猪吃饱了，姥姥似乎才想起给我弄饭吃，也不问我吃饱了没有，姥姥便又背起竹筐，说要去给猪挖草，然后便把我一个人留在家里。

终于有一天，我实在气不过，找来一根竹竿照着那些猪狠狠地打了过去。那些猪被吓得一个个"哼哼"着缩在了墙角。我打得兴起，便跳到猪圈的围墙上继续敲打，谁知一不小心从围墙上跌到了猪圈里，摔了一身的猪泥不说，还唯恐那些猪一起上来伤害我。

我吓得哇哇地大哭起来，过了一会儿，却发现那些猪都温柔地看着我，没有丝毫要伤我的意思。于是，我止住哭声，第一次真正地喜欢上了那些可爱的猪。可是，等姥姥从外面回来，我还是有点生姥姥的气，于是故意晕倒在猪圈里。当姥姥发现我时吓坏了，因为她喊我的乳名时，声音都是颤颤的。姥姥笨拙地跳进猪圈，不顾我满身的猪泥，紧紧地把我抱在怀里，一边流泪一边对我说："乖乖醒醒，姥姥再也不离开你了。"那一刻，我的眼泪奔涌而出，反身扑进了姥姥的怀里。

那时，我才发现，原来姥姥的怀抱也是很温暖的，只不过，这种温暖，藏在她的心灵深处。

第六辑

我用余生来爱你

在人生的旅途中，是谁给予你最真诚、最亲切的关爱？在你举步维艰时，又是谁给予你无私的帮助？永远都是亲人。他们像迷茫中的指路牌，为你指引前方的道路；像一盏灯，照亮你前行的人生。

你是我温暖的依靠

一

那天，我正在网上敲字，弟弟打来电话，说姐姐晕倒了。怎么会呢？在我心目中，这个处处胜我一筹而又无比强悍的姐姐，怎么会倒下呢！

扔下手中的文字，连电脑都没顾上关，就匆匆赶往姐姐家。弟弟已经先一步赶到了，弟弟说："已经拨打了 120，救护车一会儿就到。"

这工夫，我急忙来到姐姐的床前，静静地凝视着姐姐，这才发现，不知从什么时候开始，岁月的年轮已经悄悄地爬上了姐姐的额头，连眼角都有了皱纹。姐姐老了，也胖了，鬓角有了白发。用手轻轻地将姐姐凌乱的发丝拢到脑后，看着姐姐紧闭的双眼，我的眼泪开始吧嗒吧嗒地往下掉。

姐姐比我大三岁，小时候的姐姐模样很好看，总是扎着两条黑黑的辫子。由于父母工作忙，姐姐总是牵着我的手一起玩耍，呵护着我一同走过快乐的童年。记得有一次，由于我顽皮不小心摔破了腿，姐姐用她那稚嫩的脊梁背着我，一路喘着粗气到了医院。

所以，姐姐一直是父母眼里的乖孩子，学习成绩优秀，乐观积极懂事，而且总是那样充满了活力。而我却总是让父母伤透了脑筋。

二

我自认为自己从来就不是学习的料，上小学时便充分证实了这一点，因为每次考试，我都是不及格。每每拿回成绩单，都免不了父母的一顿呵斥，而最让我恼火的是，父母总是拿着姐姐的成绩单在我面前挥舞着，那感觉仿佛在挥舞着一张得意的奖状。

我至今记得，当我又一次捧着不及格的成绩单出现在父母面前时，父亲实在忍无可忍，第一次狠狠地打了我，一边打一边还不停地怒吼着:“你姐姐每次考班里前几名，你怎么就这么不争气，难道你和你姐不是一个爹妈生的？”那一刻我恨透了姐姐，就是这个处处比我优秀的姐姐，让我在父母面前一无是处，于是，我决定教训教训姐姐。

那天，姐姐做完作业，跟父母说，今天作业很重要，因为老师让姐姐第二天在课堂上给大家做讲解，父母听后喜形于色，连连夸奖说:“我女儿真棒！”

晚上，等姐姐睡着后，我偷偷从姐姐的书包里拿出姐姐写好的作业，咬着牙，狠狠地将姐姐的作业本一页一页撕得粉碎，我一边撕嘴里还一边说：让你棒，让你棒！

一夜无眠，想着姐姐知道后会有什么反应。

第二天一早，我饭也没吃，就候在门外等着看热闹。突然，从屋里传来一声凄厉的喊叫，接着就是姐姐伤心的哭声。我想着一定免不了一顿揍，便一溜烟地跑出了家门。

一直到傍晚，姐姐才在一个小树林里找到了我。本以为姐姐会找我算账，谁知姐姐却说："跟姐回去吧。都是姐不好，只顾着自己的学习成绩，却忘记了对你的帮助和辅导。"

三

在姐姐的耐心辅导下，我的学习成绩有了起色，父母对我也逐渐有了笑脸。

然而，就在姐姐即将高考，也是我中考的那一年，我们家发生了一场变故。一向健朗的奶奶突发脑溢血，被送到医院后，花光了家里所有的积蓄，也没能痊愈，奶奶永远瘫痪了，这让我们这个本来就不富裕的家庭蒙上了一层阴影。当父母宣布我和姐姐必须有一个人放弃学业时，我和姐姐都掉下了眼泪。

最终，父母把我叫到了跟前，对我说：姐姐成绩好，你休学，就让姐姐接着上吧！我还能说什么呢？谁让父母一直偏心姐姐呢！

可是，这件事情被姐姐知道后，姐姐却对父母说：让我继续读书对妹妹不公平，不如让我们都参加考试，看谁考的成绩好再做决定。我从鼻子里轻轻哼了一声，明知道我没有竞争力，想跟我抢就明着来，何必玩诡计呢！

尽管我用尽了吃奶的力气，然而考试结果出来，还是姐姐一路领先，而我却考得不尽如人意。

一所知名大学录取了姐姐，那天，姐姐背着行囊兴高采烈地准备出门时，父母让我送姐姐一程。我一路无语，而姐姐却显得异常兴奋，一边走一边对我说："小妹，你觉得姐怎么样？是不是很棒？"我不搭讪，只顾低着头往前走。

来到车站时，姐姐准备上车，转身从包里取出一封信，说："小妹，这封信是写给你的，回到家里再看吧！"

姐姐到底写了些什么呢？等车开走后，我就迫不及待地打开了那封信，只见上面写着："小妹，替我好好读书，你一定要像姐姐一样将来考个好大学，也替我好好照顾奶奶，我出去打工了，我会按时给家里寄钱的，一切放心好了。姐姐！"读完姐姐的信，我惊呆了。

四

因为有了姐姐的牺牲，让我懂得了珍惜，之后，我开始发奋学习，一路顺畅，从考进大学再到找到一份不错的工作，我的人生似乎进入了一个完美的阶段。

然而天有不测风云，人有旦夕祸福。在单位的一次体检中，我却不幸被查出了重病。那一刻，我整个人都崩溃了，开始整日以泪洗面，甚至想到了自杀。就在这时，姐姐来到了我的身边。

姐姐安慰我说：“别怕，有我在呢！”于是，我随姐姐一道来到了省城医院，姐姐帮我联系了最好的医生，手术，治疗。接下来，一场更大的考验来到我的面前。

由于我一直无法摆脱病痛的阴影，我一次次对着姐姐大声地咆哮：“别管我，让我去死！”每每这时，姐姐总是含着眼泪紧紧地抱着我。一次次，为了减轻我的病痛，姐姐拖着微胖的身体，为我擦汗，按摩，鼓励我，呵护我。可我非但不领情，还大声说姐姐：滚，你滚！

直到在一次睡梦中，无意间，我听到姐姐一边哭泣一边跟同病房的家属说：“为什么生病的不是我，为什么要这样折磨妹妹？”那一刻，盘踞在我心里的阴霾立刻烟消云散。姐姐曾给予了我无数的关爱，我还没有来得及报答姐姐，报答身边的亲人，我怎么能就这样撒手而去呢？

刹那间，我的世界春暖花开，我开始积极调整自己的情绪，人也变得乐观起来，在姐姐的精心照料和我的积极配合下，我的病彻底痊愈了。

如今，姐姐病倒了，让我如何不着急？拉着姐姐的手，就像姐姐曾无数次拉着我的手一样，我轻轻地对姐姐说：“姐姐，你是我今生温暖的依靠，姐姐，你一定要快快好起来！”

多年以后懂得爱

一

8 岁以前，他和所有的孩子一样，有一个幸福美满的家庭。9 岁那年，他的父亲突然因病去世，从此他的生活开始蒙上一层阴影。

不料，三个月后，母亲又往家里领回一个男人，并对他说："孩子，以后叔叔就住在我们家了，因为我们家需要叔叔的支撑。"他愤怒地大声说："不要，以后我能养家！"看着儿子强硬的态度，母亲说："孩子，有些事，妈必须让你了解……"还没等母亲把话说完，他跳起来大哭道："我不听，我不听，你让他滚出去！""不许你这样跟叔叔说话！"紧跟着一个响亮的耳光打了过去。他愣怔了片刻，用力拉开门，又狠狠地把门砸上，一溜烟跑了出去。

暮色四合的夜晚，他蜷缩在一堆杂草里，心就像这黑夜一样暗淡，想着父亲就这样离他而去，母亲也这么快有了别人，一颗小小的心像刀割一样疼痛，眼泪也跟着扑簌簌地掉下来。

突然，门开了，是那个男人。听到男人呼唤自己的名字，一个念头顿时在他的脑海里浮现，他决定要教训教训这个男人。

于是，男人在寻他无果返回家时，便有了重重摔倒的那一幕。看着满脸血迹的他，拎着那条绊倒他的绳子进屋后，他的心里升腾起一股怒气，这个男人准会告他的状，母亲一定不会轻饶自己的。

果然，他听到屋子里传来母亲的责骂声，这个可恶的男人，就是成心来分裂他和母亲的感情。

二

不知道从什么时候开始，母亲的身体似乎变得越来越孱弱，可是，因为对男人的憎恨，对母亲的不解，他从没有过问过母亲的病情。

男人每天早晨早早地起来给他做饭，打扫卫生，然后出去上班，下班后再忙里忙外。就这样日复一日，男人的背居然有点微驼了。对于男人的一切，他更是漠不关心。

上高中那年，他报考了一个离家较远的学校，因为这样他就可以住校，再也不用整天看那个男人的脸了，虽然那个男人在他面前一直表现得很谦卑，但他从心里厌恶这个男人，因为他的介入，他原本可以相依为命的母亲，现在却与他形同陌路。

当他得意地把住校的消息告诉母亲时，母亲却是满脸的愁容。他心想，不就是以后的开销高点儿吗？之后，他便很少再回那个家。男人只是定期到学校去给他送钱和衣物。每次见面。他从不肯跟男人说一句话，男人亦很知趣，每次送完东西就急忙转身离开了。

一次，男人又来给他送衣物，在宿舍门口，他接过东西后扭头就回了宿舍。这一幕，恰好被同宿舍的一个同学看到，便好奇地问他：“你父亲大老远来给你送衣物，你怎么连声招呼都不打？”他恼羞成怒地说：“我的事情，不用你管。”同学也不甘示弱，大声对他说：“我偏要管！”

听到同学把那个男人当成了自己的父亲，压抑在他心里的愤怒，顷刻间爆发了出来。他抓起宿舍里的一只茶杯，用力向同学的头上砸了过去，顿时，同学的头上开始血流不止，昏倒在地。他一下子吓傻了，也瘫在地上不知所措。恰好同宿舍的另外两名同学从外面归来，看到眼前的一幕，急忙把受伤的同学送到医务室。

好在，同学没什么大碍。可是，这件事，同学的家长却不依不饶地向学校提出开除他的要求。

想到自己也许真的不能再读书了，他更加憎恨那个男人，要不是他，自己也不会落得如此下场。

三

转眼间大学即将毕业，他和几名同学为写毕业论文一起回到家乡做调研。那些日子，他不愿回家，和同学住在招待所。

那天，他们约好去一家石料场做采访。彼时，正是夏日，火辣辣的太阳像个火球一样炙烤着大地，热得让人喘不过气来。突然，在石料场的一个坡道上，他们看到一个腰弯得像镰刀一样的男人正吃力地拉着一车的石料，艰难地往前挪着脚步。

几名同学心照不宣急忙跑过去帮男人推车。一直到上完了坡道，男人才扭过头气喘吁吁地说：“谢谢！谢谢！”就在男人扭头的刹那，男人的眼睛与他的眼睛撞在了一起，两个人一下子都僵在了那里。

这是怎样一个男人啊！一条大裤衩，除了眼睛黑白分明，全身一片灰黑。看着眼前这个卑微的男人，他的心像被什么东西扎了一下，扭头就跑走了。

他一口气跑回了家。一进家门，他就迫不及待地问母亲：“妈，那个男人不是有份不错的工作吗？怎么会去干那种活儿？他到底图什么呢？”母亲看到他突然回来，先是惊喜，而后才悠悠地说：“孩子，他什么也不图，他只为了一个承诺，那就是用尽全力来爱你！”“还记得那次他出去找你吗？你用绳子绊倒了他，摔得头破血流，可他从没有一句怨言；你上高中那年，他就从原单位辞了职，那工作虽然轻闲却挣钱少，你要上学，我要吃药，所以，他从那时起就换了一份拉石料的工作；还有那年，你和同学打架，学校准备开除你，他背着你找到那位同学的家长，给他们跪下才取得了他们的原谅……”说着，母亲从枕头底下抽出一封信。那是父亲临终前写给他的信。

四

原来，那一年，父亲患上了不治之症，母亲也被查出患上了一种慢性病，从此不能再干体力活儿。男人和父亲是工友，因为是个孤儿，到30多岁也没结过婚。就在这个家岌岌可危之时，男人主动承担起照顾他们的责任。

一直到父亲临终前，父亲拉着男人的手说："我这一走，最放不下的就是他们母子，你能帮我照顾他们吗？"男人重重地点了点头，可父亲说："我的意思是，孩子还小，他不能没有父亲。"男人起初死活不答应，可看着父亲祈求的眼神，男人只好应允下来。为了让父亲走得安心，男人向父亲承诺，一定用尽全力来爱这个家。

看完了信，他早已经泪流满面，问母亲："为什么不早点儿告诉我这一切？"母亲说："开始的时候你还小不懂事，等你长大了，他却不让我把信交给你，他说要用爱让你来接受他。""可是，这些年我却对这些爱视而不见！还口口声声让他滚出去！"说完，他便发疯似的又跑了出去。

来到了石料场，远眺，寻觅，他终于看到了那个比落满地面的尘埃还要低的拉车男人。他几步就跨到了男人的面前。男人看到他，却吓了一跳，急忙卑微地低下头说："你？你怎么又来了？"他却上前一把抱住了这个男人，心痛到无法呼吸、无可名状，却又悔恨交加。

我用余生来爱你

一、寂寞的童年

从记事起，他和父亲就住在村东一间简陋的小房子里。白天总有几束亮光透过房顶的缝隙不经意间投在屋子里，给黑暗的小屋带来几分生机。可是遇到下雨天就麻烦了，尤其在黑夜，他就会被冰凉的雨水打醒，然后看着父亲一瘸一拐地顶着雨到外面往房顶上盖塑料布。

父亲是个孤儿，小时候因为患小儿麻痹症没有钱治疗而落下了残疾。父亲很小的时候一直靠捡垃圾为生，长大后父亲改行收废品。那时候，他们的生活便是靠父亲收废品来维持。他和父亲一起沿街收废品的时光应该是父亲最快乐的日子，因为每当那时，父亲一边吆喝着收废品，一边不时哼着不成调的小曲，脸上也会绽放出醉人的笑意。

遇到天气不好，或者他赖床时，父亲就会把他一个人留在家里，一个人拉着木板车一瘸一拐地出门去。

一个人在家的日子是无聊的，何况那时他还是个孩子。于是，他就去村里找一些小孩子玩耍，哪知那些孩子个个都对他避而远之，说他是收废品的孩子，是个脏孩子，说什么也不肯和他玩。8 岁那年，父亲把他送到了村里的小学，他想，这下该有小伙伴了吧，可谁知进了学堂，同学们还是对他不理不睬，并不时在背后对他指指点点。

有一天放学后，他一个人寂寥地走在回家的路上，突然被班里几个男同学团团围住，他们你一言我一语地说："收废品的，以后别再来上学了……瞧你穿的破衣服，七拼八凑的……你是个没娘的孩子……"说完，几个同学发出一阵哄笑声。可能是被最后一句话激怒了，一向孱弱的他，愤怒地向他们扑了过去。

当闻讯赶来的父亲把他领回家时，他已是伤痕累累，但此时，他心里更疼痛。他不停地问父亲："我是个没娘的孩子吗？我娘呢？我娘呢？你还我娘。"父亲哀叹地对他说："你不是没娘的孩子，你有娘，只是你娘在生你的时候就去世了。"虽然那件事后，老师严厉批评了那几个学生，但他的童年生活却陷入了一种更深层次的寂寞和孤单。

二、叛逆的少年

随着他日渐长大，他开始变成一个叛逆的少年，整天默默寡言，亦不再和父亲多说一句话。好多次，他听到父亲的哀叹声，并没有去安慰他，而是越来越怨恨他，为什么要生我？为什么让我在这样一个不堪的家庭中生活？那段时间，所有的一切都化成了他发奋读书的动力，因为他明白，只有好好读书，才能让他早日跳出这个令他羞辱的村庄，离开这个不堪的家庭。

高中时，他如愿以偿，以优异的成绩顺利考取了市重点中学。庆幸的是，方圆几十里的村子，只有他一个人考取了这个重点学校，也就是说，在这里，再也没有人了解他的身世了。

为了摆脱掉收废品孩子的印记，那一年，他开始注重起外表，不时买一些时髦的衣服来装饰自己，他一次次以买书、听课等理由向父亲频繁地要钱，而父亲每次接到他的电话，就像接到了圣旨一样虔诚地说:“好好，爹马上给你寄钱去。”有一次，父亲在电话里对他说:“儿啊。爹想你了，回来看看爹吧！”叛逆的他，对爹冷冷地抛下一句:“没空。”就冷酷地把电话挂了。

那天，他正在宿舍里看书，有位同学从外面走进来用异样的眼光看着他，并告诉他说:“外面有个老人找你。”他急忙跑了出去，一看，居然是爹。阳光下，爹拎着个蛇皮袋，讨好地对他说:“爹太想你了，就一边收废品，一边找到了这里。”霎时，他的脸阴沉了下来，没好气地对父亲说:“谁让你来看我的？快走吧，以后再也不要到学校里来了。”这时，恰好宿舍里的同学从屋子里走了出来，大声地问他:“这人是谁啊？”他不假思索地告诉他:“哦！是收废品的。”父亲的脸猛地抽动了一下，随即马上缓过神来说:“对，我是收废品的。”

待同学走远后，父亲将皱巴巴的一把零钱递给了他，说:“这是我刚卖废品的 200 元钱，想吃点儿什么就去买，别亏待了自己。”说完，父亲一瘸一拐地离开了学校。看着父亲颤巍巍的背影，他的心里对父亲非但没有歉疚，而是更加反感父亲。在之后的假期里，他都以种种理由不肯回家去见父亲。

三、悔恨的泪水

大一那年，学校通知他转户口，而转户口必须到本地户口所在地去办理。那天，他回到家拿户口本，父亲没有在家，他便开始在家翻找起来。后来，他终于在一个破旧的木头盒子里翻到了户口本，正准备拿走户口本时，他发现在盒子里还有一个灰色布包，出于好奇，他便随手打开了布包，里面有一张发黄的字条，只见字条上写着：恩人，如果您捡到了这个孩子，请您一定好好抚养他，我在九泉之下也会感激您。因为孩子的父亲在一次车祸中丧生，而我也患上了重病，将不久于世，我在这里给您磕头了。

看完字条，他有刹那的恍惚，字条写的到底什么意思呢？他拿着字条转身跑出了家门，一口气跑到了村支书的家，一进门，他就问支书，这到底是怎么回事？支书看着他手里的字条，一脸郑重地告诉他说："这件事，本来我想早点儿告诉你，可你爹就是不同意。其实你爹原来根本就不住在这个村子，他一直过着漂泊的生活，在一次收废品时，他在路边发现了你，那时的你已经冻得奄奄一息了，本来你爹是想把你送到一个条件好的人家，可是，没有一个家庭愿意收养冻僵了的你。你爹只好把你抱了回来，用自己的身子一点儿一点儿把你暖热。再后来，你爹便不舍得再把你送人了。于是，跟我商量后，就在村子里找了间破房子安顿了下来。而你爹为了你，这几年吃尽了苦头，连顿像样的饭菜都没舍得吃过，每天除了干馒头、咸菜就是白开水，他的心思全在你身上。没想到，你却那样忘恩负义，我几次都想揍你一顿，可你爹拦着死活不让。”

听完支书的话，他的心就像被蛇吞噬似的疼痛，悔恨的泪水更像决堤的河流一样。父亲的点点滴滴也开始在他眼前不停地浮现：那一次，和村里的几个孩子打完架后，父亲看他受了伤，便心疼得跟什么似的，又是给他擦拭，又是给他上药，还时不时地问他疼不疼，那感觉，就像母亲在他身边一样；还有一次，他发烧到 39 度，父亲一瘸一拐地坚持背他到医院，打针，吃药，一直到他退了烧，父亲才算舒了一口气……想到这，他转身又跑了出去。

他泪流满面地四处寻找着父亲，突然，在一条大街上他看到了那个脏兮兮的身影，离老远他就大声呼喊着：“爹！爹！”可能是他时尚的穿着与捡废品的父亲有着鲜明的对比，有几个路人开始驻足观看起来。而父亲发现他在喊自己，先是一愣，然后吓得急忙说：“这孩子，咋随便喊爹呢？我不是他爹，大家都散了吧！”周围的人笑着纷纷离开了。他的心却因为父亲的话痉挛了一下，只听“扑通”一声，他跪在了父亲的面前，大声说：“爹，原谅儿子的不孝，以后我不会再让您受苦了，我会打工来养活您，并用余生来爱您！”这时，只见父亲的脸上终于流下了幸福的泪花。

世上那个最爱你的人

一

幸福的生活在她 8 岁那年戛然而止。她的母亲因乳腺癌不幸去世，父亲常年在外跑大车，她毕竟还是个孩子，怕日后没人照顾，遵照她母亲的遗言，同年年底，她的父亲又为她娶回一个后妈。

正是叛逆的年龄，她又怎么能接受这个女人？刚开始，女人做好了饭，叫她吃，她不理也不吃，女人当然也不是省油的灯，对她大吵大闹地喊："哦！我辛辛苦苦给你做好了饭，你摆脸子给谁看？不吃拉倒，正好省粮食。"说着，自己坐下来津津有味地吃起来，吃完还不忘伸一下懒腰，顺便来一句："真好吃。"

半夜里，她的肚子饿得"咕咕"叫，于是，她只好悄悄爬起来到厨房里找东西吃，还好，厨房的锅里盘子里还剩下好多的饭菜，可能是饿极了，她一口气吃了个精光。

第二天，女人故意当着她的面大声说："不好了，咱家估计进耗子了，锅里的饭菜全被耗子吃光了。"她在心里暗暗嗤笑，真是傻女人，哪有这么大的耗子啊！

这样闹腾了好几天，女人做好饭菜，再喊她吃饭时，说："喂，丫头，你说你傻不傻？反正咱们现在吃的都是你爸爸在外跑车挣来的钱，你不吃，不觉得亏吗？”女人这么一说，她一想，是这个道理，反正吃的都是我爸爸的，不吃，多傻呀！

二

虽然，她依旧不待见这个后妈，但至少她们可以同桌而餐了。吃饭时，女人总是有意无意地讲几个笑点极低的小段子，她还没听出个所以然，女人却在一旁笑得快喷饭了。她知道女人想讨好她，但她不想领这个情。

这样的日子，虽不是太顺心，但还算过得去。

可是，谁能料到厄运会再一次降临到这个家。她的父亲，因为疲劳驾驶，在高速公路上和另一货车相撞，因抢救无效死亡。

出殡的那一天，女人哭得呼天抢地，一边哭一边念叨着：“孩子她爹，你好狠心啊！只顾着自己去享清福，留下我们可怎么活啊！孩子还小不懂事，你就撇下我们不管了，我的命好苦啊……”

一直到办完了丧事回到家，女人这才发现，女孩不见了。吓得她急忙出去寻找，她一边找一边呼喊着女孩的名字，一直找到后半夜，女人才在一个废弃的破房子里，找到了蜷缩在墙角的女孩，女人一看到女孩，又开始勃然大怒起来：“你爸爸丢下我不管了，你也想逃走吗？告诉你，你休想逃出我的魔掌。”

把女孩领回家后，女人帮女孩洗干净，让女孩换上了干净的衣服去睡觉，自己则去帮女孩洗脏衣服。有那么一刻，女孩觉得女人有点像妈妈，但也只是那么一瞬间，女人怎么会是妈妈呢？

三

除了爸爸不在了，日子似乎没有什么太大的变化，女孩每天吃女人烧的饭，穿女人为她洗的衣服，只是不跟女人多说一句话，女人亦不想搭理她。

因为，一个现实的问题正困扰着女人，没有了男人挣钱，女人势必要出去打工，否则她们连饭也没得吃。

其实，好心的街坊，看她们可怜，给女人找了一份超市收银员的工作，可是，上班总要遵守人家的钟点，思索再三，她谢绝了邻居的好意，决定在家做点儿缝纫的活计，这样就有时间照顾女孩了。最主要的是她们家住一楼，又是临街的房子，有这个便利条件。

没想到，女人一开张，因为要价低，活儿做得好，前来修改衣服的人络绎不绝。有时候，一放下饭碗，女人就去"哒哒哒"地蹬缝纫机了。

那天，战争终于在她们之间爆发了，女孩声嘶力竭地对女人说："你每天'哒哒哒'，烦不烦？还让不让我写作业了？你不能找份其他工作吗？"女人也不甘示弱："凭什么我要听你的，怎么了？嫌烦，嫌烦你赶紧长本事，考上重点中学，你就可以住校了。"

女人的话，倒是让女孩突然开窍，看来，要想离开家，离开这个女人，唯一的出路就是考上重点中学。

本来学习成绩一般的她，从这次吵架后，开始发奋学习，当然，成绩和努力永远都是成正比的，在那次期中考试中，她一下子从班里二十多名，提高到前三名。

接下来的日子，她就像小宇宙爆发了一样，成绩步步高升。小学升初中时，她以优异的成绩毫无悬念地升到了重点中学。

女人送女孩去学校时，在办完一切手续后，女人不忘絮叨着说："丫头，你烦我，我还烦你呢，有本事接着考重点高中，重点大学，那才叫本事呢！"

其实不用女人絮叨，女孩也会努力，因为她实在不愿意再跟女人一起生活。

四

一切都在意料之中，她顺利地考上重点高中，又以优异的成绩考上北大。

即将毕业的那一年，一家知名公司到学校向她伸出了橄榄枝。她向女人报告喜讯时，女人居然在电话里哭了。还没等她心里稍微对女人有点心软时，女人在电话里便又生硬地对她说："丫头，你爸在你9岁的时候就去世了，是我养了你十几年，你现在有工作了，是到了

该你回报我的时候了。以后你每月给我打一万元，剩下的足够你生活费了，如果发奖金，你还可以有结余呢。”

女孩被激怒了，愤愤地说：“好吧，这钱我还你。”

工作几年，女孩除了偶尔回趟家，在家最多也是待几天就返回工作单位了。

那一年，女孩打电话说，有个男孩在追她，她想结婚了。女人说，好，你把男孩领回家让我看看。

没想到，男孩居然向女人提出把每月给她的一万元降至一千元，说她在小城生活反正也花不了多少钱。女人把女孩拉到一边，郑重告诉她，这男孩不可靠，趁早分手，他不过是图你的钱而已。女孩哪里听得进女人的话，不但不同意分手，而且准备尽快结婚。女人说：“如果你跟他结婚，我就跟你断绝关系。”女孩说：“断就断。”

女孩的婚礼，女人没有参加。但并不代表女人对女孩不闻不问。

那次，女人去女孩所在的城市看女孩，虽然只待了两三天，但女人却打通了女孩单位一位同事的关系。希望以后和她保持联系，以了解女孩的一举一动。

所以，女孩的婚礼，女孩婚后过得快不快乐，都尽在她的掌握中。

五

一年后，女孩生下了孩子，在孩子刚满月时，男孩因欠巨额赌债，把房子卖掉，在席卷了家里所有的钱后，和女孩离婚了。抱着刚刚满月的孩子，女孩茫然地走在大街上，任凭泪水在脸上无声地滑落。

后来，她从同事那里借来钱，租了一间地下室。尽管日子过得很艰难，但她也绝不会去求那女人，那样只能招来女人的嘲笑，谁让她当初不听女人的劝告？

因为月子里没有得到好的营养，奶水也不太好，孩子总是哇哇哭个不停。那天，她感觉自己实在撑不下去了，索性把哭闹的孩子扔到床上，自己也躺在床上。好吧，不如就这样等死吧！

突然，外面传来一阵窸窸窣窣的声音，一个大嗓门还没进门就喊了起来："丫头，孩子哭你没听到吗？"说着，女人一脚就踏进了门，进屋就先抱起了孩子。这时的她，看到女人进来，忍不住心里的悲伤，躺在床上号啕大哭起来。

女人大声说："我闺女什么时候这么没出息了，起来，跟我走。"女孩抽泣着说："去哪里？"女人说："我已经在市中心买好了房子，等孩子大点儿，你上班，我带孩子，我闺女这么优秀，我就不信找不到一个好归宿。"女孩还是有点不相信地问："这里房子那么贵，你哪来那么多钱？"女人说："这几年我从修补衣服到做衣服挣了些钱，再加上前几年你给我的钱，足够买房子了。"女孩还有一件事情不解，问女人："这么多年，你分明是爱我的，为什么从来没有给过我一句好话？"女人说："就你那脾气，给你好话你还不上天啊，给你好话你能考上重点中学？能考上北大？还不是我在后面拿鞭子一直抽你。"

女孩再也控制不住自己的感情，起身扑进女人的怀里，大声哭喊着:“妈，对不起，都是我不好，是我错怪了您。”

原来，世上最爱你的人，永远都是你的妈妈，虽然她是后妈，但胜似亲妈。

每朵花都有自己的芬芳

一

那天，一场暴雨过后，小小的他急不可耐地跑出去蹚水玩。是啊，6 岁，正是顽皮好动的年龄。可谁能料到，正是这次贪玩，彻底改变了他的人生轨迹。

路边的一条高压线被暴风雨刮断，垂到了地上，好奇的他伸出手去拽着玩，灾难就在那一刻发生了，他整个人瞬间就被击倒。当路人发现时，他早已昏迷在地。路人急忙拨打 120 将他送进了医院，经过抢救，人总算活过来了，可他却永远失去了双臂。

失去双臂的他明显感到诸多不便，他再不能像以前一样玩泥巴，不能自己穿衣服，不能自己吃饭。他一次又一次哭着闹着问父母："我的手呢？我要我的手！我要我的手！"一旁的父母只能含着眼泪对他说："孩子，爸妈就是你的双手啊！"

一年后，他 7 岁了，到了上学的年龄，眼看着身边的小朋友们一个个背着书包上学去了，他哭着央求父母："我要上学，我要写字，我还要考大学。"父母却心疼地对他说："孩子，不是不想让你去上学，可是你怎么写字呢？"听了父母的话，没有双臂的他沮丧极了，

哭着一个人来到了村外，坐在田垄边生闷气。

正是夏至时节，一望无际的庄稼在他面前汹涌着绿色的波涛，突然，不知从哪飞来一只断翅的小鸟，它努力地飞啊，飞啊，却怎么也飞不高。小鸟并没有想象中的孱弱，依然意志顽强地练习着飞高，再飞高。看着眼前的小鸟，再联想到自己，他小小的心灵深深地被震撼了，自己何尝不是一只断翅的小鸟？小鸟尚且有顽强的意志，自己怎么能连小鸟都不如呢？想到这，他站起身准备往回走，一转头，却看到了十几米外正注视着他的父母。他扑进母亲的怀抱，仰起还挂着泪珠的小脸，大声地告诉父母说："我要上学，我要写字，总有一天我会像小鸟一样飞翔！"

可是，没有双臂，想要写字谈何容易。怎么办？用脚写！于是，在家里还算平整的地面上，父亲为他搬来小板凳，母亲则为他铺上了厚厚的一摞纸，将笔斜靠在墙角，便于他用脚夹笔。刚开始脚下的笔完全不听使唤，怎么夹也夹不住。偶尔夹住了，一不小心，笔就从脚趾缝中掉下去。笔掉下去了，他再试着夹起来。就这样，反反复复，不知练习了多少次，脚趾练出了血，磨起了泡，让一旁的父母心疼得直掉眼泪，可他咬紧牙关继续练，愣是学会了用脚写字。

之后，凭着坚韧不拔的意志，他又陆续学会了用脚吃饭、穿衣、上网等，并顺利读完了小学、中学。高三那年，经过百倍于常人的努力，这个"无臂男孩"终于以 603 分的好成绩，考取了一所知名院校，最终实现了自己的大学梦。

二

谁不想从小依偎在父母的怀抱？可是，就是这一点儿小小的愿望，她却不能实现。因为重男轻女思想的根深蒂固，她的父母接连生了三个女孩，造成了家庭的极度贫困。父母只好带着两个姐姐常年在城里打工，留下最小的她和奶奶一起在乡下生活。

随着她日渐长大，这个失去父母庇护的孩子，越来越有种被遗弃的感觉。久而久之，她的性格变得沉默寡言，不善与人交流，脾气古怪，自律能力差，上学时想来就来，想走就走，俨然一朵开在乡野里无人管束的野百合。

直到奶奶过世，父母才把她带进城里，送到城里的一所小学。进城后，她依然如故，孤独，自闭，性格易变，而且学习成绩落后，每次考试都是班里倒数第一。所以，同学们都对她敬而远之，老师对她也是无可奈何。

四年级，他们班换了一位新老师，和以往不同的是，这位年轻漂亮的女老师从来没有因为她成绩差而嫌弃她，而是对她格外关照。上课时，老师总是有意无意地提问她；发下来作业本，她潦草的字迹下总有几行温暖的、鼓励人心的话语。

可是，一想到自己是个不可救药的“野孩子”，她就觉得对不起老师。一天放学后，她鼓起勇气找到老师，说：“老师，我就是个坏孩子，只会给班级抹黑，你为什么要在我身上浪费时间呢？”老师并没有直接回答她，而是拉起她的小手，说:“走，跟我去一个地方。”

老师骑着自行车带着她，来到了一个公园。正是春天，公园里开满了各种各样的花，牡丹、芍药、月季……看着那些花，老师对她说:“你看，这些属于春天的花，漂亮吗？”她毫不犹豫地回答:“真的太漂亮了。”从公园出来，老师又带她来到了郊外。在路边的一片草丛中，一朵野百合独自绽放着，微风吹来，这朵野百合就像一个美丽的少女在翩翩起舞，美丽极了。老师像是自言自语，又像是对她说:“是啊，春天属于那些名贵的花儿，可是，野百合也有自己的春天啊！”正是老师的话，让她立刻顿悟，原来自己也可以活得像花儿一样美。

从那以后，她就像变了一个人似的，渐渐地改掉了自己的坏毛病，团结同学，尊敬老师，学习上也刻苦努力，自然，同学们也开始接受她了。就是这个女孩，若干年后，当上了一家公司的总经理。

三

他是一个脑瘫男孩，长到七八岁的时候才会走路，很多人都为他感到惋惜，认为这个孩子将来不会有什么出息，能生活自理就已经很不错了。可谁能想到，他居然拿起了绣花针做起了裁缝，而且还开了工厂，成了当地有名的致富能人。那么，身患残疾的他是怎么做到的呢？

原来，和许多不幸的孩子一样，他也有过痛苦的挣扎。那时，因为脑瘫，10 岁那年，他才上一年级。由于他的脑子不太灵光，学习很吃力，所以几年下来，他的成绩一直是班里倒数几名。为此，他很懊恼，几次在父亲面前哭着说自己是个没用的孩子，将来也一定不会有什么出息。

那日，父亲从外面买回来几包花籽和几个花盆，并把他叫到面前说："孩子，其实你学习已经很努力了，这就够了。现在我们就把这些不同的花籽分别种在花盆里，观察它们什么时候发芽、抽枝、散叶、开花，好吗？"他不知道父亲葫芦里到底卖的什么药，问："难道这跟我的学习有关吗？"父亲微笑地告诉他："到时候你就会明白的。"

一个月后，几个花盆里的花籽相继开始发芽、抽枝、散叶了，这时，父亲一一告诉他：这盆是菊花，这盆是茉莉花，这盆是海棠花，这盆是水仙花……

春天的时候，海棠花开了；初夏的时候，茉莉花开了；金秋时节，菊花开了；冬天的时候，水仙花开了……这时，父亲问他："你觉得哪种花更美更馨香？"他思索了半天说："这怎么可以比较呢？海棠开得艳丽，茉莉开得清雅，菊花开得灿烂，水仙开得妩媚，而且每种花都有自己的芬芳啊！"父亲笑着说："你说得非常好。是啊，大人都喜欢把孩子比喻成花朵，那你也是爸爸心中的一朵花啊！你和其他孩子相比，只是花色不同，花期各异，但爸爸相信，总有一天，你一样可以散发出自己的芬芳。"这时，他才领悟到父亲的苦心。

17 岁那年，一个偶然的机会，他喜欢上了裁缝，便不再继续上学，而是选择了裁缝这一职业。可是，穿针引线做衣服是个细致活儿，而他的右手却经常会控制不住地颤抖。刚开始，他连针都抓不起来，手也因为拿针还经常被扎得出血。为了练穿针引线，他每天都要花 3 个小时来做这样一个简单的动作。第一次需要 10 分钟，第二次 8 分钟，第三次 7 分钟，慢慢的时间开始缩短，半个月后，他终于 10 秒就能把针穿进去了。就这样，经过半年时间的磨砺，他终于能做出像样的西装了，他做的衣服质量上乘，很受大家的欢迎。

一年后，因为他做工认真，又肯吃苦，一年下来总能有 2 万多元的收入。30 岁那年，有了一定积蓄的他，打算关掉裁缝铺，开一家服装加工厂，做订单加工。功夫不负有心人，在他的努力经营下，这朵不知名的小花，终于散发出诱人的馨香。

是的，不是每个孩子生下来就是完美无缺的，但每个孩子生来都是含苞待放的花朵。在亲情的滋润下，待到花儿怒放时，每朵花都会散发出自己的芬芳。

风中高粱泥土情

秋风呼呼地吹在脸上，有点生疼，我急忙把车窗关上。闭上眼睛，师父慈祥和蔼的身影清晰浮现。退休那年，师父已经 60 岁了，精神却很好，没想到退休后竟然病了好多年。说来惭愧，我因为只顾着忙自己的事情，对此居然一无所知，更没有想过要去看望师父。

那天，无意中听说师父患了脑中风时，我立刻惊呆了。几番周折，我终于寻到了师父家的电话，于是便急忙打了过去。接电话的是一个操着浓重乡音的女人，一阵寒暄后，我知道她原来是师父的儿媳。得知我是师父的徒弟，并准备去探望时，她一个劲儿地说："真不好意思，还要你跑那么远的路，而且从上官村到我们村之间正好修路，要是忙，还是不要来了，你的心意我们领了。"在我一再坚持下，她想了想说："那好吧，你来时，先给我打个电话，我开车到上官村去接你。"放下了电话，我还暗自感叹了一番，现在农村变化真大，连村妇都开上车了。

就这样，秋风一路捎带着我，向师父家的方向奔去。没心思观赏路边的风景，满脑子想的都是我和师父一起工作的点点滴滴。大约两小时后，大巴到达上官村。下车后，我左顾右盼，没有看到车的影子，更没有看到有人在等我。我急忙给师父的儿媳打了电话，接通后，她说："正在路上呢，马上就到。"于是，站在路边，我开始留意过往的车辆，一辆又一辆的轿车从我的身边飞驰而过，根本没有停下的意思。

终于，一个村妇模样的人开着一辆奔马车停在我不远的地方，村妇下了车，满脸歉意地走过来，问："你就是英子吧？"不等我回答，她上气不接下气地说："对不起，让你久等了，正要出门时，你师父正好上厕所，所以耽误了时间。"我回答她："没关系的。"她说："那我们上车吧。"看着面前这辆奔马车，我笑着问她："这就是你来接我的车？"她的脸立刻红了："让你见笑了吧。这就是我的车，别看它只是辆奔马，从地里往家运粮食运菜可方便了。"我这才仔细打量起眼前这个女人来，一个典型的农村妇女，红红的脸颊，纷乱的短发，身材看上去倒很结实。这样一个女人，普通到不能再普通，所以我无意再和她搭话，便小心翼翼地上了车。

秋风还是那样呼呼地刮着，坐在奔马车上，农村特有的新鲜空气突然让我清爽起来。随风而来的是眼前一大片摇曳的红高粱。那一棵棵吐着火焰的高粱，就如同身边这个开车的红脸村妇，在风中站成了一支整齐的仪仗队，好像在迎接我的到来。

吻着泥土的芳香，车一路颠簸着终于来到了师父的家门口。尽管来之前早已想到师父的外貌可能变化不小，一进家门，眼前的情景还是让我惊诧不已，师父完全成了个小老头，头发全白了，牙也掉光了，和之前的他简直判若两人。师父不会说话，却能分辨人，看到我的第一眼，躺在床上的师父便咧着嘴大哭起来。我一边安慰师父，一边也抹着眼泪。师父的儿媳急忙递给我一张纸巾，又帮师父细心地擦着眼泪。只见她附在师父的耳边像哄小孩似的说："不哭了啊，英子来看你，你应该高兴才对啊。快给英子笑一个。"师父便当真就笑了。

将近晌午时，师父的儿媳说，该让你师父出去晒晒太阳了。说着，她将师父的手臂搭在自己肩上，然后迎面抱起了师父，把他安稳地放在了轮椅上。"你师父个子大，抱他得有技巧，除了我，谁也抱不动他，就连他儿子抱几次都抱不起来呢。"师父的儿媳一边笑着说，一边把师父推到了院子里。

这时，早有街坊听说我来看师父，都纷纷过来和我攀谈："你师父真有福气，儿子常年在外打工，全凭这个儿媳伺候，不说一日三餐她一口一口地喂，单是每天给他穿衣服，就很费劲，一般人根本穿不上。只有她，每天不辞辛苦地给你师父穿衣、喂饭、洗涮，几年如一日，从没有喊过苦抱过怨。"

"你师父生病刚入院时，这个儿媳执意要日夜独守着病人，居然两天两夜没有合眼。那天，当医生宣布病人已脱离危险时，一家人才把一颗悬着的心放下，彼此互相告慰着，却突然发现她不知去了哪里。大家急忙分头去找，原来，她在医院的走廊里睡着了。"

"这还不算，自从你师父出院后，她就在你师父的床边临时搭了一张床，这一搭就是好几年，从没有离开过你师父。"

"还有件让她更操劳的事情呢，就是家里还有一个 90 多岁的爷爷，加上她年迈的母亲，有时兄妹几人轮番伺候，碰巧轮到她这里时，她一下子就要照顾三位老人，而且地里的活也不耽误。”

师父的儿媳听着他们你一言我一语，却有点不好意思地说：“谁没有老去的那一天，他们都辛苦了一辈子，如今老了，就应该享受儿女的伺候。我只不过在做分内的事情，真不值得一提。”听着大家的议论，我心潮起伏，想起身边的一些人，总是以各种理由不愿意伺候老人，再看眼前这个淳朴、善良、勤劳的女人，我从心里由衷地开始敬佩起她来。

下午，当我告辞准备离开时，师父的儿媳给我弄了满满几袋子红薯、大蒜、玉米面，我嫌拎着累，说什么也不要，她便急了，说：“你这么远来看师父，还给他买了那么多东西，你不要，我心里过意不去。”说着，就把那些东西强行拎上了奔马车。

路上，再次看到田野里那些瑟瑟的红高粱。它们低着头，弯着腰，默默地开花、灌浆、结穗，以一种成熟的方式向土地表达着深深的眷恋和感恩，寒来暑往，风雨无阻，在天地间挥洒出大写而又朴素的人性之美。

师父的儿媳又何尝不是这样一株红高粱呢？

告诉你一个秘密

一

燕子的记忆是从 5 岁开始的。那天，燕子和村里几个女孩正在门口玩丢沙包，看到几个壮汉抬着一个人慌慌张张地过来了，走到近前时，有人喊道：“燕子，你爸爸出事了。”玩得正不亦乐乎的燕子这才发现他们抬着的是养父，她急忙跑回家，看到养母已经哭得昏厥过去。那时候，她隐约觉得这个家可能要塌下来了，于是，她也开始大哭起来。

原来，在外打工的父亲在返家的途中，搭乘一辆奔马车，却不慎坠入了十多米的深沟，养父当场身亡。

由于过度悲伤，养母的身体出了问题。养母到医院去检查，检查结果无疑是雪上加霜，养母得了癌症，医生说，最多还能活两年的时间。

5 岁的燕子仿佛瞬间就长大了，她开始帮养母做一些力所能及的活儿，比如扫地、擦桌子、倒垃圾。那时，养母是那么疼爱燕子，总是拖着病体坚持做饭、洗衣服、洗碗，毕竟燕子还那么小。直到燕子 7 岁那年，养母的病开始一次次发作，燕子不得不承担了所有的家务。

有一次，燕子炒菜时，一不小心将油锅打翻，滚热的油溅在了她的脸上、手上，瞬间就起了好多的水疱，养母看到后，心疼得直掉眼泪，养母说："燕子，如果疼，就哭出来吧！"懂事的燕子却对养母说："一点儿都不疼。"

冬天的时候，燕子在院子里洗衣服，一双小手被冻得裂了无数的口子，这次，养母抓住燕子的手，坚决地说："燕子，妈妈快要走了，我想帮你找个好人家，去过你的好日子。"燕子却态度坚决地说："我哪也不去，我也不想过好日子，只想守着妈妈。"

不久，养母的病更重了。这天，家里突然来了一个 40 多岁的妇人，妇人看上去很慈祥，一直向燕子不断示好，但燕子却不喜欢她。那天，妈妈拉着她的手，将她的手郑重交到那妇人的手里，说："燕子，告诉你一个秘密，其实你不是我的亲生女儿，她才是你的亲生妈妈，是她从小把你寄养到这个家的。所以，我去世后，你不必悲伤，跟着这个妈妈走就是了。"燕子哭着说："不是这样的，不是这样的。"养母说："事实就是如此。"

几天后，养母去世，安葬了养母后，燕子跟着这个妈妈走了。

二

妈妈的家在城里，家里有一个哥哥，一个姐姐，哥哥 15 岁，姐姐 13 岁。妈妈说，父亲两年前突发脑溢血去世了。

尽管父亲不在了，从 7 岁那年来到城里的家，因为有一家人对她的疼爱与呵护，她生活得无比幸福。

8 岁那年，燕子上了学。有一次，在放学的路上，后面有几个小男生窃窃私语着说："瞧，前面那个小丫头，是个领养的孩子。"燕子听到后，气愤地转身对那几个小男生说："告诉你们，我不是领养的，我是寄养的。"那几个小男生坚持说："你就是领养的孩子。"结果燕子哭着跑回了家。哥哥和姐姐得知情况后，第二天便找到了那几个小男生，哥哥气不过，还动手打了那几个小男生，为此，哥哥差点被学校开除。但从那以后，再也没有人敢当面说燕子是领养的孩子了。

10 岁那年，有一天夜里，外面下着雨，室内的燕子却突发高烧。妈妈发现后，急忙帮燕子穿好了雨衣，而自己却淋着雨，一口气把燕子背到了医院。经检查，燕子患上了急性肺炎，医生说，再晚点儿来恐怕有生命危险。燕子平安无事了，而此时的妈妈，却因为淋雨感冒了。

三

相比在农村，燕子无疑过着天堂般的生活。然而，16 岁那年，几个相好的同伴跟她开玩笑说："燕子，你一定是领养的，不然，你的哥哥姐姐为什么和妈妈长得如出一辙，而你却不像妈妈？"燕子心里明白她们话里的含义，无非就是哥哥姐姐英俊漂亮，而自己又黑又矮。

正是青春期叛逆的年龄，就像一句话“点醒了梦中人”，刹那间，燕子的心里充满了怨恨，回家后立刻质问妈妈：“我到底是领养的，还是寄养的孩子？”妈妈说：“你这孩子怎么了？是不是发烧了？你当然是我们寄养出去的孩子。”燕子突然歇斯底里地说：“哥哥姐姐你养得起，为什么要把我寄养出去？”妈妈含着泪，回答她：“寄养你也是无奈的选择，因为生你的时候，妈妈生了一场病，生活无法自理，所以才忍痛将你寄养出去。”燕子接着吼道：“那为什么不早点儿接我回来？”妈妈说：“我们去接过你，可是你养母和你养父不能生育，所以跪下来恳求我们把你留下来，我们才没有接你回来。”燕子大声哭喊着：“可是，你知道我在那里所受的苦吗？养父去了，养母病了，有一段时间我们连饭都吃不饱，我一个人到山上挖野菜，几次从山上滚落下来，身上摔得青一块紫一块，回家后，我不敢跟养母讲，怕她伤心掉眼泪。”说到这里，妈妈的眼泪也扑簌簌地往下掉，说：“你所受的苦妈妈当然都知道，所以妈妈以后会尽力补偿你。”燕子冷笑一声说：“补偿我？你拿什么来补偿我？你能让我重新吃你的奶水长大吗？你能让我现在就变得和哥哥姐姐一样漂亮吗？”妈妈一时无言以对，只是任由泪水在脸上无声地滑落。

那次争吵后，燕子心里的怨恨变成了冷漠，尽管一家人对她更加体贴，凡事都让着她，但她却不再愿意理睬哥哥姐姐，也不愿和妈妈多说一句话，每天吃饱了喝足了，就把自己关在屋子里。

之后漫长的岁月，燕子都活在对家人不冷不热的日子里。虽然如此，燕子结婚时，妈妈依然为她精心准备了丰厚的嫁妆，就连哥哥娶媳妇妈妈也没有费过那么多心思。

后来，燕子有了孩子，也扔给妈妈带，可不管妈妈多么辛苦，她从来没有问过一声，更没有说过一句谢谢妈妈的话，一切仿佛都是欠她的。

四

直到70多岁的妈妈病倒在床，姐姐打电话通知燕子回家照顾妈妈，燕子却阴阳怪气地说："你和哥哥从小吃妈妈的奶水长大的，凭什么要我照顾妈妈？"说完，就赌气似的挂断了电话，气得电话另一端的姐姐骂出了声："妈妈真是养了一个白眼狼。"

其实，燕子也就是嘴上那么一说，这么多年来，妈妈对她的好她都记在了心间，妈妈为她付出的一切也足以平复她内心的怨恨，只是她还没有来得及表达罢了。如今，妈妈病了，燕子又怎能不回去照顾妈妈呢？

那天，来到妈妈的家门口，便听到里面似乎有哥哥姐姐的吵嚷声。

燕子便将耳朵贴在门边想听听他们在吵些什么。只听姐姐大声说："妈，不如干脆告诉她，她本来就是我们家领养的孩子，她爱怎么样就怎么样吧！"妈妈用微弱的声音说："怎么可以说呢？我当初在她妈妈的病床前答应了她妈妈的要求，一辈子不告诉她真相的。"